Gedenkschrift
für die
Gefallenen
von Böhlen
im Ersten und Zweiten
Weltkrieg

Der Krieg hat immer zwei Seiten.
Eine ist böse, die andere ist gut.
Doch welche ist böse und welche ist gut,
wenn man die Sichtweise ändern tut?

Katrin Röder

Böhlener Geschichten

GEDENKSCHRIFT

FÜR DIE

GEFALLENEN

VON

BÖHLEN

IM ERSTEN UND ZWEITEN

WELTKRIEG

VON OSKAR FRITZSCHE

BEARBEITET VON MELVYN RÖDER

Quellennachweis

Text (S. 10 - 12 und S. 14 - 202): aus der Böhlener Chronik, erstellt von Oskar Fritzsche

Text auf S. 13 und S. 203 entnommen aus dem Heft „Böhlener Geschichten Nr. 1", herausgegeben 2001 vom Geschichtsverein Böhlen und Umgebung e.V. Autor: Gregor Kaufmann

Text auf S. 204 entnommen aus dem Heft „Böhlener Geschichten Nr. 3", herausgegeben 2003 vom Geschichtsverein Böhlen und Umgebung e.V. Autoren: Gregor Kaufmann und Thomas Körner

Gedichte: Frontispiz, S. 46 und S. 205 von Katrin Röder

Fotos (S. 10 - 200): aus der Böhlener Chronik, erstellt von Oskar Fritzsche, digitalisiert und digital restauriert von Melvyn Röder

Fotos: Titelbild, Frontispiz und Foto S. 205 unten von Melvyn Röder

Foto auf S. 205 oben aus dem Buch „Böhlen - Bilder erzählen aus vergangenen Tagen", Ilona Zschoch, Reiner Illge, Geiger Verlag, 1995, ISBN 3-89570-078-9

Danksagung

Ich danke für die Unterstützung zur Veröffentlichung dieser Gedenkschrift Gregor Kaufmann, Bernd Uhlich und meiner Mutter Katrin Röder.

Impressum

Sollte trotz meiner gewissenhaften Prüfung der Quellen eine Verletzung von Rechten Dritter vorliegen, bitte ich um faire Klärung und Kontaktaufnahme unter: mailtoroeder@web.de - Feedbacks und sonstige Hinweise sind ebenfalls willkommen.

Bibliografische Information der Deutschen Nationalbibliothek: Die Deutsche Nationalbibliothek verzeichnet diese Publikation in der Deutschen Nationalbibliografie; detaillierte bibliografische Daten sind im Internet über http://dnb.dnb.de abrufbar.

Die automatisierte Analyse des Werkes, um daraus Informationen insbesondere über Muster, Trends und Korrelationen gemäß §44b UrhG („Text und Data Mining") zu gewinnen, ist untersagt.

© 2025 Melvyn Röder

Text: Oskar Fritzsche, Melvyn Röder

Gestaltung: Melvyn Röder

Verlag: BoD · Books on Demand GmbH, Überseering 33, 22297 Hamburg, bod@bod.de

Druck: Libri Plureos GmbH, Friedensallee 273, 22763 Hamburg

ISBN: 978-3-8192-6267-8

Inhaltsverzeichnis

Vorwort

Nach meiner Sichtung der handgeschriebenen Böhlener Chronik des ehemaligen Kantors, Oberlehrers und Ortschronisten Oskar Fritzsche, aufgeteilt in mehreren Ordnern, ist mir ein spezieller Ordner aufgefallen. Es handelt sich hierbei um eine Zusammenstellung von Kurzbiografien, Briefen und Fotografien Böhlener, Zeschwitzer und Stöhnaer Einwohner, die in den Weltkriegen im Kriegsdienst gefallen sind. Die Biografien der Soldaten des Ersten Weltkrieges verfasste Oskar Fritzsche im Jahre 1935, die der Soldaten des Zweiten Weltkrieges in den Jahren 1940 bis 1945.

Das Ende des Zweiten Weltkrieges jährt sich dieses Jahr zum achtzigsten Mal. Viele Zeitzeugen verschwinden nach und nach von der Erde.

Die Orte Zeschwitz und Stöhna wurden infolge Braunkohletagebauen in den 40er bzw. 50er Jahren des 20. Jahrhunderts überbaggert und waren Nachbardörfer von Böhlen.

Heutzutage größtenteils in Vergessenheit geraten, erinnere ich mit dieser Gedenkschrift an die Kriegstoten von Böhlen, die ihr Leben für Ideologien geopfert haben, freiwillig oder nicht. Soldaten wurden damals für den Gedanken missbraucht, ehrenvoll für ihr Land zu sterben und damit als Helden gefeiert. Sind Helden von gestern, Täter von heute? Jeder, der sich an einem Krieg beteiligt, sollte sich dessen bewusst sein, dass er gleichzeitig Opfer und Täter ist.

Es sind teils sehr emotionale Briefe mit Übermittlung der Nachricht des Todes, die deutlich die Grausamkeit des Krieges dokumentieren. Daraus lässt sich erkennen, dass viele junge Leben geopfert, junge Familien zerstört, Kinder und Eltern in tiefer Trauer zurückgelassen wurden.

Oskar Fritzsche machte sich die Mühe, den Gefallenen ein würdiges Andenken zu schreiben. Er traf sich mit Angehörigen, um über das viel zu kurze Leben der einzelnen Gefallenen zu reden. Fritzsche notierte deren Kurzbiografien und ergänzte diese mit Fotografien, persönlichen Briefen von Kameraden sowie Mitteilungen von Vorgesetzten, Ärzten und Kriegs-pfarrern an Hinterbliebene, in denen die Umstände des Todes präzise beschrieben wurden. Es zeigt auf, wie furchtbar es sein muss, über solch einen Weg vom „Heldentod" des Sohnes, Ehegatten, Vaters oder Freundes zu erfahren. Weiterhin verdeutlichen diese Todesnachrichten die politische Ideologie, die hinter Kriegen steckt, in Verbindung mit der subjektiven Grundeinstellung und dem Kampf für die sogenannte Größe und Freiheit sowie die Verteidigung des eigenen Landes. Viele Gemeinden haben ähnliche Schicksale erlebt.

Ein Krieg kann meiner Meinung nach nie eine Lösung für Konflikte sein und rechtfertigt nicht, sich gegenseitig zu töten. Kriege haben in der Geschichte der Menschheit immer zum großen Leid aller Beteiligten geführt. So wie hier um die deutschen Soldaten getrauert wird, so wird auch auf den anderen bzw. feindlichen Seiten getrauert. Mensch bleibt Mensch, egal welcher Nation. „Schwerter zu Pflugscharen" (aus Bibeltext Micha 4.3) wurde mir während meiner Schulzeit gelehrt. Dieser Aussage in Bezug auf die vielen Konflikte und Kriege in der heutigen Zeit um Macht und Geld sollte Beachtung geschenkt werden.

Auf den Kriegsdenkmälern stehen heute meistens nur Namen, die so gut wie nichts über das Leben und die Herkunft jedes einzelnen Menschen aussagen. Das Ehrenmal zum Gedenken an die Gefallenen des Ersten Weltkrieges auf dem Böhlener Friedhof wurde im Zweiten Weltkrieg zerstört, nicht wieder aufgebaut und befindet sich heute in einem unerkennbaren Zustand.

Zur besseren Lesbarkeit habe ich den Text der aktuellen Schreibweise angepasst, Fehler korrigiert und am Ende ein Glossar hinzugefügt, in dem Ortschaften, deren Namen sich im Laufe der Zeit änderten, sowie Abkürzungen kurz erläutert werden. Soweit ich es herausfinden konnte.

Es ist mir ein Bedürfnis die Gedenkschrift von Oskar Fritzsche zu veröffentlichen. Sie erinnert an die jungen Männer von Böhlen, Stöhna und Zeschwitz. Ich gehe davon aus, dass die Gedenkschrift unvollständig ist. Jedoch soll sie eine Mahnung sein und nicht weiter unbeachtet vor sich hinschlummern. Weiterhin würdige ich hiermit die Arbeit von Oskar Fritzsche, der sich im Bereich der Heimatforschung für Böhlen verdient gemacht hat. Nächstes Jahr wäre er 150 Jahre alt geworden.

Möge diese Gedenkschrift darauf aufmerksam machen, dass Krieg viel Leid auf allen Seiten hervorbringt. Sie stellt eine Anti-Kriegsschrift dar. Die Menschheit muss alles dafür tun, Kriege zukünftig zu verhindern. Es soll eine informative und gleichzeitig abschreckende Wirkung auf den Leser erzielt werden und ihn zum Nachdenken anregen. Ich distanziere mich von jeglicher Verherrlichung von Krieg und Gewalt sowie politischen Interessen, sondern lege die Kriegsfolgen anhand des Zeitzeugen Oskar Fritzsche als Botschaft dar. Die Gedenkschrift dient des Weiteren zur Information und als Grundlage für geschichtliche Aufarbeitungen.

Böhlen, im April 2025

Der Verfasser dieser Gedenkschrift

Paul Oskar Fritzsche schrieb 1939 über sich Folgendes:

Ich wurde am 25. Oktober 1876 in Hartmannsbach bei Gottleuba geboren. Meine Eltern waren echte deutsche Bauersleute. Sie bewirtschafteten ihr Gut über 50 Jahre, der Vater war über 40 Jahre Gemeindevorstand (Bürgermeister). Von 1883 an besuchte ich 8 Jahre die Volksschule zu Gottleuba und hierauf das Seminar zu Pirna. Die Erziehung im Seminar war streng, ja zu streng. Vor Ostern 1898 bestand ich meine Abgangsprüfung und wurde sofort als Vikar in Kleingießhübel bei Krippen angestellt. Leider musste ich nach 6 Wochen schon wieder den ersten Schulort verlassen, weil ich von Ostern 1898 an als Hilfslehrer an der Volksschule in Großcotta bei Pirna wirken sollte. Von Ostern 1901 bis zum 31. Oktober 1907 war ich ständiger Lehrer in Ottendorf bei Sebnitz, nachdem ich im Herbst 1900 meine zweite Prüfung gut bestanden hatte. Sehr ungehalten war mein Ortsschulinspektor Pfarrer Köllner in Sebnitz, als ich im Frühjahr 1907 von ihm ein Zeugnis forderte, um mich um die Kantorenstelle in Böhlen bei Leipzig zu bewerben. Ich wurde einstimmig gewählt und siedelte Ende Oktober 1907 nach Böhlen über.

In meine Dienstzeit fällt das gewaltige Wachstum der Gemeinde Böhlen. Vierklassig habe ich die Schule von meinem Vorgänger übernommen und achtklassig an meinem Nachfolger, Schulleiter Brause, abgegeben. Den Männergesangsverein „Eintracht" in Böhlen leitete ich über 25 Jahre und gründete den „Damenchor" in Böhlen, der sich später als gemischter Chor ausbaute und heute „Chorvereinigung Glück auf" nennt, nachdem der von Lehrer Lämmel gegründete Männerchor „Glück auf" sich aufgelöst hatte. Im Jahre 1930 gründete ich den Kirchenchor von Böhlen zum Leidwesen des Männerchores „Glück auf", der in dem Kirchenchor allem Anscheine nach eine unliebsame Konkurrenz erblickte. Pfarrer Reichel förderte den Chor in jeder Weise. Wäre sein Vorgänger nicht so ein schwankendes Rohr gewesen, dann wäre der Kirchenchor eher gegründet worden.

Gern erinnere ich mich der Einweihung unserer neuen Schule im Jahre 1926 und des ersten Anbaues im Jahre 1930. Den Anbau führte ich als Vorsitzender des Schulausschusses im Auftrage des Bürgermeisters Goldmann aus. Über das große Vertrauen, das Goldmann mir damals schenkte, werde ich ihm immer herzlich dankbar bleiben. Oft habe ich damals nach Dresden zur Hauptverwaltung der ASW fahren müssen, um die Finanzfrage zu regeln. Dazu kamen die vielen Schulvorstandssitzungen (zu denen mich Goldmann einlud) und Schulausschusssitzungen. Doch alles wurde ohne jeden Streit erledigt. Im Kellergeschoss hatte ich ohne besondere Erlaubnis ein Lichtbildnerzimmer und ein Lehrzimmer einbauen lassen, um jeden Raum des Hauses auszunützen. Die Behörden haben mir nachträglich keine Schwierigkeiten gemacht.

Interessant war es mir, das Wachstum Böhlens zu beobachten. Die Häuser schossen wie die Pilze aus der Erde. Moderne Einrichtungen mussten geschaffen werden. Ich nenne da nur die Kläranstalt und das Feuerlöschgerätehaus. 1937 wurde eine große Motorspritze angeschafft. Bürgermeister Goldmann verstand es, den Ort nicht nur zu vergrößern, sondern vor allem auch zu verschönern. Ein Vorgärtchen verschwand nach dem anderen vor den Häusern der Hauptstraßen. Wenn ich daran denke, dass ich mir in Böhlen zu allererst ein Paar Gummischuhe kaufte, weil die Straßen im schlimmen Zustande waren, und ich wandere heute über unsere wohlgepflegten Straßen und modernen Fußwege, so kann ich als Altböhlener am meisten empfinden, was ein moderner, berufsmäßiger Bürgermeister für eine aufstrebende Gemeinde bedeutet, die früher weniger fortschrittlich war.

Trübe Tage sind mir auch nicht erspart geblieben, denn ich war noch nicht ein Jahr hier, als meine erste Frau starb. 1910 habe ich wieder geheiratet und für meine Kinder eine treue und vorbildliche Mutter gefunden, die mir jederzeit treu zur Seite steht. 1935 konnten wir in körperlicher Frische in einem Dresdener Hotel in aller Stille unsere Silberhochzeit feiern.

Mein Amt als Schulleiter legte ich im Jahre 1931 freiwillig nieder, nachdem ich es 24 Jahre lang in aller Treue verwaltet hatte. Obwohl der Schulausschuss sich alle Mühe gab, mich zur Annahme einer Wiederwahl zu bewegen, so lehnte ich doch dankend ab, weil die kirchlichen Belange mit der Einwohnerzahl dauernd wuchsen.

Ende Dezember 1938 reichte ich beim Ministerium für Volksbildung ein Gesuch ein mit der Bitte, mich am 1. April 1939 in den dauernden Ruhestand zu versetzen. Meiner Bitte wurde nicht nur entsprochen, sondern ich erhielt vom Führer als Anerkennung für 40-jährige treue Dienste das goldene Treudienst-Ehrenzeichen. Es wurde mir kurz vor Ostern vom Rektor unserer Schule bei einem Appell überreicht. Selbstverständlich freute ich mich sehr über diese schöne Auszeichnung. Doch sollte die Freude nicht lange dauern. Schon am 11. Mai verklagte mich Herr Bürgermeister Goldmann auf Räumung meiner Wohnung…

An einer anderen Stelle in seiner Chronik beschrieb Oskar Fritzsche, dass er im März und April 1945 selber 15 Einwohner von Böhlen bestattete, da sich der Friedhofsmeister sowie sein Stellvertreter im Kriegsdienst befanden und es keinen Pfarrer gab. Die Böhlener Einwohner waren ihm dafür sehr dankbar. Er führte die Ortschronik von Böhlen, Stöhna und Zeschwitz bis in die 1950er Jahre. 1936 veröffentlichte er die „Chronik von Böhlen und Stöhna" sowie 1956 die „Chronik von Rüben und Stöhna". Über 1000 handgeschriebene Seiten hinterließ Fritzsche der Nachwelt, die heute noch teils unveröffentlicht sind.

Oskar Fritzsche verstarb am 29. Dezember 1960. Die Grabstätte mit seiner zweiten Ehefrau befindet sich im Kirchhof der evangelischen Kirche zu Böhlen.

Auf der nächsten Seite folgt ein Brief, den Oskar Fritzsche 1917 an einen Soldaten schrieb. Der Empfänger brachte diesen Brief aus dem Krieg wieder mit zurück. Über den Hintergrund dieses Briefes ist auf den Seiten 42 bis 45 dieser Gedenkschrift Näheres zu erfahren.

Böhlen, den 12. Januar 1917

Lieber Krieger!

Weihnachten ist vorüber. Wir haben es in aller Stille und Bescheidenheit gefeiert, da wir mit unseren Gedanken bei Ihnen im Feindeslande waren. Leider haben fast alle Krieger die Briefbogen u.s.w. mehrere Tage früher als das kleine Weihnachtspaket bekommen. Das liegt an der Post, weil diese die Pakete gesammelt und in größerer Zahl ins Feld geschickt hat. Die Schulkinder haben die kleinen Pakete viel eher zur Post gegeben als die Umschläge.

Zu den Fahnen wurden gerufen: Richard Denneberg und Willy Hufa. Ins Feld gingen zum zweiten Male Herr Hauptmann Töpfer, der zum Abteilungsführer in einem Artillerieregiment ernannt wurde, wozu ihm herzlichst gratuliert sei. Ferner ging in Feindesland mein lieber Freund und Kollege Lämmel, der den Kriegern so manches Gute erwiesen hat. Aus Stöhna ging Walther Donath auf feindlichen Boden. Herr Baumeister Marx wurde vom Felde zur Fußartillerie nach Metz versetzt. Verwundet worden ist niemand! Gefallen ist auch niemand! Krank sind nur Walther Mehnert und Oskar Gutzschebauch. Zu Gefreiten wurden befördert Otto Taubert, Otto Klaar, Otto Meerstein, Max Zimmermann und Hugo Rudolph.

Zu meiner größten Freude teile ich Ihnen mit, dass der Sohn unseres Herrn Hauptmann, der Leutnant Karl Töpfer mit dem Eisernen Kreuz I. Klasse ausgezeichnet wurde. Die Heimat gratuliert dem Herrn Leutnant herzlich und freut sich mit ihm. Das Eiserne Kreuz II. Klasse erhielt der Gefreite Arthur Eschenbach, der schon im Besitz der silbernen St. Heinrichs-Medaille ist. Auch Herrn Eschenbach beglückwünscht die Heimat herzlich, ebenso dem Unteroffizier Kurt Hofmann, dem die Friedrich-August-Medaille verliehen wurde.
In tiefer Betrübnis wurde die Familie des Landsturmmannes Albin Schiebold versetzt. Ihm starb am 24. Dezember sein einziges Töchterchen Mariechen an Scharlach. Die Familie wird aufs tiefste bedauert. Herr Schiebold weilt als krank in der Heimat.
Herrn Lämmel vertrat bisher der Vikar Schmidt aus Leipzig. An dessen Stelle trat der Hilfslehrer Fischer aus Chemnitz am Neujahr.
Kürzlich hatten wir infolge der heftigen Regengüsse Hochwasser.
Jetzt aber, während wir diese Zeilen schreiben, schneit es lustig und zwar so, dass der Schlitten gut geht.

In der Hoffnung, dass der ersehnte Friede nicht mehr fern ist und dass Sie gesund in die Heimat zurückkommen mögen, verbleibe ich unter freundlichen Grüßen

Ihr getreuer Fritzsche.

Die gefallenen Soldaten
von Böhlen und Stöhna
im Ersten Weltkrieg (1914-1918)

Die Soldaten von B ö h l e n ,

die im W e l t k r i e g e den T o d für

das V a t e r l a n d e r l e i d e n m u s s t e n :

Friedrich Alwin Geneiß

Er wurde am 21. April 1887 in Muckern, Bezirk Borna, geboren und heiratete die Schneiderin Lina Marie Staude aus Zeschwitz, die ihn durch zwei Kinder erfreute, einen Knaben und ein Mädchen. Geneiß war ein solider, fleißiger Mann und arbeitete in der Röthaer Gartendirektion, wo er beim Arbeitgeber und seinen Kollegen sehr beliebt war.

Am 8. September 1914 erlitt er durch eine feindliche Kugel bei einem Gefecht auf dem Berge Berremont bei St. Remi in Frankreich den Heldentod fürs Vaterland.

Die Nachricht von seinem Tode wurde in der Gemeinde mit ziemlicher Erregung aufgenommen, da er der erste Krieger aus Böhlen war, der in diesem Weltkriege den Tod erleiden musste.

Von allen Einwohnern Böhlens wurde er sehr bedauert.

Richard Max Friedel

Am 30. Januar 1880 wurde er hier geboren als Sohn des allgemein geachteten Gasthofbesitzers und Kohlenhändlers Gustav Hermann Friedel. Er heiratete Fräulein Margarethe Gertrud Brause von hier, deren Eltern früher im benachbarten Gaulis ein Gut besaßen. Friedel kaufte das Geschäft des verstorbenen Kohlenhändlers Neuhäuser hier und war eine als Geschäftsmann und Mensch sehr beliebte Person. In seiner Freundlichkeit und Gutmütigkeit konnte er niemanden etwas abschlagen.

Friedel wurde bei Warneton in Frankreich durch Granatschuss durchs rechte Knie schwer verwundet und verstarb im Feldlazarett III zu St. Andre bei Lille am 29. November 1914 nachmittags ¼ 5 Uhr. Die junge Witwe und ein Töchterchen im Alter von 5 Jahren trauern um ihn.

Seine Witwe heiratete später den ebenfalls verwitweten Gutsbesitzer Eduard Alwin Franke aus Stöhna und zwar am 11. Februar 1919. Er brachte einen Sohn Alfred Franke mit in die Ehe, der am 8. Juli 1926 verstarb.

Arno Emil Junghans

Junghans wurde am 14. Dezember 1885 in Muckern geboren. Seine Frau, Frieda, geb. Forkert, stammte aus Espenhain. Er war noch nicht lange Briefträger hier, als der Krieg ausbrach. Doch hatte er sich durch sein bescheidenes und ruhiges Wesen in der kurzen Zeit seines Hierseins recht beliebt gemacht. Durch Unvorsichtigkeit zog er sich beim Gewehrreinigen am Fuße eine Wunde zu und starb daran im Feldlazarett Nr. 10 in La Malmaison in Frankreich am 1. Januar 1915 vormittags 10 Uhr. Um ihn trauern seine junge Witwe und zwei Knaben im Alter von 1 ½ und 3 Jahren.

Hans Dietze

Dieser mir besonders zugetane Krieger wurde am 10. Mai 1888 in Dresden geboren. Er war unverheiratet und arbeitete bei der Firma Th. Lindner in Rötha. Zu Kriegsbeginn ging er mit dem Ersatz Bataillon Nr. 47 ins Feld, machte acht Gefechte in den Vogesen mit und wurde am 2. September 1914 am Kopf und Oberarm verwundet. Am 28. Dezember ging er das zweite Mal ins Feld und wurde am 11. April 1915 bei einer Sprengung durch die Engländer verschüttet. Mehrere Monate wurde er als „vermisst" in den Verlustlisten geführt, bis endlich das Rote Kreuz aus Genf meldete, dass Dietze den Tod auf dem Schlachtfeld gefunden hat. Dietze war ein ruhiger und bescheidener Mensch, den man gern haben musste.

Otto Karl Thierbach

Zur Zeit der Mobilmachung genügte er seiner Militärpflicht in Kehl. Er wurde am 9. November 1891 in Rötha geboren. Sein Vater war Zimmermann in Rötha und leitete eine kleine Musikkapelle, die lange Zeit in Böhlen Tanzmusik spielte.

Am 6. März 1915 wurde Thierbach durch Infanteriegeschoss am Kopfe schwer verwundet und verstarb im Feldlazarett 10 des XIV. Armeekorps. Auf dem Friedhofe in Lens in Nordfrankreich liegt er begraben. Er machte neun Gefechte mit. Sein Vater war ihm im Tode vorangegangen, und seine Mutter heiratete dann den hiesigen Weichenwärter Mitdank. Nach seiner Verwundung lebte Thierbach noch 10 Tage, verstarb also am 16. März 1915.

Robert Friedrich Franz Karl Gothan

Gothan wurde am 25. Oktober 1890 zu Rostock in Mecklenburg/Schwerin als Sohn des Bäckermeisters Friedrich Karl Johann Gothan geboren. Er war in der hiesigen Molkerei erster Buchhalter und ein fleißiger unverdrossener und bei jedermann beliebter Beamter. Für die Krieger schrieb er viele hundert Seiten mit der Schreibmaschine. Er opferte dazu gern seine freie Zeit. Als er zum Militär eingezogen wurde, ließen seine Kollegen in der Molkerei in dieser Beziehung viel zu wünschen übrig. Gothan war ein ernster, junger Mann, der sein Vaterland über alles liebte.

Im Männergesangsverein „Eintracht" war er ein glücklicher, begeisterter Sänger, der auch im Kirchenchore gern mitwirkte. Wie er als Sänger vorbildlich wirkte, so war er auch ein eifriges, treues Mitglied unserer Freiwilligen Feuerwehr. Schwer vermissen wird ihn auch unser Turnverein, wo er durch seinen Eifer und Fleiß andern jungen Männern ein rühmliches Beispiel gab. Seine Braut war Liesel Klingst in Kahnsdorf bei Kieritzsch.

Am 31. Juli 1915 wurde unser lieber Gothan vor Ypern südlich von Verlorenhoek in Frankreich durch eine Gewehrgranate im Rücken getroffen, die seinen sofortigen Tod herbeiführte, da sie ihm die Wirbelsäule zerschmetterte. Am 2. August nachmittags 6 Uhr wurde er auf dem Friedhofe zu Moorslede unter militärischen Ehren beerdigt. Seine Feldadresse war:

27. Res. Armeek. 53. Res. Div. Res. Inf. Regt. Nr. 244, 1. Komp.

Johann Chilinski

Auf dem hiesigen Rittergute war Chilinski Brennmeister und wurde von seinem Arbeitgeber hoch geachtet. Er verstand nicht nur sein Fach vortrefflich, sondern war auf dem Gebiete der Elektrizität ein sehr erfahrender Mann, weshalb er auch von der Überlandzentrale unserer Amtshauptmannschaft die Erlaubnis hatte, Lichtanlagen in unserer Gemeinde anzulegen. Geboren wurde er am 24. November 1878 in Karloschno, Kreis Stargard und heiratete Fräulein Anna Marie Elisabeth Gerbach, mit der er eine glückliche Ehe führte.

Chilinski wurde am 17. Juli 1915 vormittags 8 Uhr in der Feldstellung bei Sonin durch Minensplitter in der rechten Bauchseite schwer verwundet. Trotz aller ärztlichen Bemühungen war es leider nicht möglich, das Leben dieses braven Deutschen zu erhalten. Er starb am 18. Juli 1915 im Lazarett des Lagers „Kaisertreu". Am nächsten Tage wurde er im Beisein eines Offiziers der Kompagnie und seiner Gruppe zur letzten Ruhe gebettet.

Chilinskis Feldwebel schreibt: „Chilinski war ein tüchtiger Unteroffizier, der sich stets seines ehrenvollen Berufes bewusst war und seinen Dienst gern und gewissenhaft ausführte. Er starb als Held und lebt in uns weiter."

Paul Hermann Karl Penndorf

Penndorf wurde am 9. Oktober 1890 zu Salsitz bei Zeitz geboren. Er arbeitete als Gehilfe bei dem von seiner Frau getrennt lebenden Barbier Grunert. Schließlich übernahm er das Geschäft käuflich, wurde aber während des Krieges eingezogen und heiratete Hedwig Erdmuthe verwitwet gewesene Else, geborene Strasser. Penndorf hatte durch großen Fleiß und Geschicklichkeit sein Geschäft rasch in die Höhe gebracht und es durch seinen Fleiß und seine Sparsamkeit sehr bald vergrößert. Der Feldwebel Hilbig teilte mit, dass unser Penndorf am 24. August 1915 durch ein Schrapnellstück am Kopfe verwundet worden sei. Bange Sorgen bemächtigten sich der armen, nun zum zweiten Male gewordenen Witwe. Einen Tag später teilte nämlich derselbe Feldwebel mit, dass unser lieber Penndorf wenige Minuten nach der schweren Verwundung, ohne das Bewusstsein wieder erlangt zu haben, den Heldentod erlitten habe. Am 25. August wurde Penndorf auf dem Friedhofe zu Zonnebeke neben der Gasanstalt mit militärischen Ehren beerdigt, wobei der Pfarrer in ergreifenden Worten der Witwe und ihres lieben Kindes aus erster Ehe gedachte, das Penndorf herzlich liebte. Der Schreiber dieser Zeilen verliert in Penndorf ein treues deutsches Sängerherz, das begeistert das deutsche Lied sang.

Karl Arno Staude

Geboren wurde Staude am 6. Juni 1890 in Zeschwitz als der Sohn des dortigen Gutsbesitzers Staude (siehe Geneiß). Er heiratete Anna Emma Staude, geb. Knopf aus Wallhausen in Thüringen am 11. Januar 1914. Dieser Ehe entspross ein Knäblein, das verstarb. Am 9. August 1915 wurde unserm Staude abermals ein Söhnchen geboren, das der im Felde stehende Vater aber nie hat zu sehen bekommen, da er am 8. Oktober 1915 den Heldentod erlitt bei Warneton. Auf Horchposten wurde er durch Schrapnellschuss schwer am Kopfe verwundet. Trotzdem sofort ärztliche Hilfe zur Stelle war und alles versucht wurde, starb unser lieber Staude nach 3 Stunden, ohne die Besinnung wieder erlangt zu haben. Auf dem Friedhof zu Quesnoy bei Lille wurde unser Staude mit militärischen Ehren begraben. Er war ein hübscher, ruhiger und bescheidener Mann. Die Feuerwehr verliert in ihm einen treuen, gutherzigen Kameraden. Mit Gothan, Penndorf und Findeisen erlangte Staude in Leipzig seine militärische Ausbildung. Seine Witwe heiratete später wieder und ging in ihre Heimat nach Thüringen zurück.

Wilhelm Hermann Franke

Er wurde im benachbarten Zehmen geboren, wo unser jetziger Ortspfarrer damals im Amte war, und zwar am 3. Oktober 1887. Zunächst besuchte er unsere Ortsschule, dann die Privatschule in Rötha und ging dann auf das Progymnasium zu Grimma, um später daselbst die Fürstenschule zu besuchen. Nach wohlbestandener Prüfung studierte Franke auf den Universitäten in Tübingen, Leipzig und Rostock und dann dauernd in Leipzig. Am 4. Advent des Jahres 1913 wurde er als 2. Diakonus in Eibenstock ordiniert. Er heiratete Frl. Therese, geb. Knabe. Dieser Ehe entspross ein Töchterchen. Frankes Vater hätte es lieber gesehen, wenn sein einziger Sohn auch eine so reiche Frau gebracht hätte wie er. Als der Weltkrieg ausbrach, wollte er seine Kräfte in den Dienst des Vaterlandes stellen und ging als Vizefeldwebel ins Feld. Am Narew traf ihn, den Führer einer Offizierspatrouille, die feindliche Kugel. Ein befreundeter Leutnant, der mit ihm in Leipzig im Predigerkollegium gewesen war, bestattete ihn mit Gebet und Segen. Die Kirchgemeinde Eibenstock hielt am 29. August eine wehmütige Gedächtnisfeier ab. Sie verliert in ihrem Pastor Franke einen Mann von idealstem Streben, den sie hoffentlich nicht vergessen wird. In unserer Gemeinde war Franke eine durch sein freundliches Verhalten äußerst beliebte Person. Die Nachricht von seinem Tode wurde von der Gemeinde mit dem Ausdrucke tiefsten Beileides für die bedauernswerten Eltern aufgenommen.

Karl Paul Winkler

Am 7. September 1889 wurde er in Fischendorf bei Leisnig geboren und besuchte die Schule zu Tragnitz bei Leisnig, erlernte das Schuhmacherhandwerk und genügte seiner Militärpflicht in der 8. Kompagnie des Inf. Regt. 179 in Leisnig. Nach seiner Entlassung trat er bei der Bahnmeisterei in Kieritzsch als Streckenarbeiter ein, von wo er am 3. August 1914 mit ins Feld gerufen wurde. Am 26. September 1915 erhielt er die Friedrich-August-Medaille in Bronze am Bande für Kriegsdienste.

Über den Tod Winklers schreibt mir sein Feldwebel Halbauer Folgendes: „In treuester Pflichterfüllung als Posten in der Sappe wollte er die Kompagnie alarmieren, da der Feind Angriffsversuche machte, dabei traf ihn die feindliche Kugel in den Kopf und er sank, ohne einen Laut von sich zu geben, zusammen und war sofort tot. Am 18. Januar 1916 wurde er von lieben Kameraden auf dem Friedhof in Somme zur letzten Ruhe gebettet. Seit 18 Monaten hatte er der Kompagnie durch sein bescheidenes Wesen, durch seine vorzügliche Kameradschaft und seine beispiellose Tapferkeit große Dienste erwiesen. Er wird uns unvergessen bleiben."

Winkler war ein lebensfrischer wackrer Deutscher, den jedermann lieb haben musste. Seine letzte Feldadresse war: 19. Armeek. 27. Div. Inf. Regt. 179, 10. Komp. Herr Oberleutnant Paul Merkel von hier war kürzere Zeit Kompagnieführer in Winklers Kompagnie. Herr Merkel ist Inhaber der Firma Th. Lindner in Rötha.

Friedrich Paul Taubert

Als der Sohn des verstorbenen Handarbeiters Friedrich Theodor Taubert wurde unser lieber Taubert am 14. Mai 1882 in Böhlen geboren und besuchte die hiesige Volksschule. Seiner Militärpflicht genügte er beim Inf. Regt. 139 in Döbeln. Er heiratete Frl. Marie Emilie Küpper, die Tochter eines Schuhmachermeisters in Mügeln, mit der er in glücklicher Ehe lebte und der er ein liebes Söhnchen hinterlässt. Taubert war Markthelfer bei der Firma Karl Marquardt in Leipzig, Kreuzstr.12.

Am 12. August 1914 ging er ins Feld und erlitt am 23. September 1915 den Heldentod. Lange hat die arme Witwe in der traurigen Ungewissheit gelebt, ob ihr Mann tot oder gefangen sei. Nach langem Warten traf am 3. Februar 1916 die schlimme Botschaft ein, dass unser lieber Taubert tot war. Durch die Kreishauptmannschaft ging der Witwe die Nachricht zu, dass ihr Mann nach Aussagen eines Gefangenen von Tauberts Kompagnie durch Verschüttung gefallen sei. Unterschrieben war die Nachricht: Lyon, am 3.12.1915.

Taubert war ein lebenslustiger, junger Mann mit einem gutmütigen Charakter. Die Feuerwehr verliert in ihm einen treuen Kameraden, der gegen jedermann freundlich und gefällig war.

Friedrich Arno Böttcher

Am 3. Juni 1885 wurde er in Rötha geboren. Er besuchte die Volksschulen zu Rötha und Böhlen und genügte seiner Militärpflicht in Leisnig beim Inf. Regt. 179. Am 4. März 1911 heiratete er Frl. Marie Emma Kamprath aus Lausigk, die früher beim hiesigen Verlagsbuchhändler Theophil Weber bedienstet war. Böttchers Vater ist der Handarbeiter Friedrich Karl Böttcher hier. Seine Mutter ist vor mehreren Jahren verstorben. Sein Bruder Otto ist hier Baumeister. Derselbe zog nach dem Kriege nach Grimma, kaufte dort ein Gasthaus, weil er meinte, hier nicht mehr bestehen zu können.

Als nun der Weltkrieg ausbrach, wurde unser lieber Arno Böttcher sofort zu den Fahnen gerufen. Im Felde wurde er zum Gefreiten befördert. Am 25. Februar 1916 ereilte ihn leider die feindliche Kugel. Er fiel in Folge Kopfschusses und wurde auf dem Friedhofe in St. Clement mit militärischen Ehren beerdigt. Er ist um so mehr zu bedauern, als er in nächster Zeit auf Urlaub zu seiner Familie kommen sollte. Nun trauern eine junge Witwe und zwei liebe Kinder um den treusorgenden Vater.

Böttcher war ein beliebter lebensfroher Mann, der begeistert hinauszog fürs Vaterland zu kämpfen. Traurig ist, dass Böttchers Kinder beide den Vater im Tode bald folgten und seine Witwe auch wenige Jahre nach dem Kriege gestorben ist, nachdem sie nur wenige Jahre wieder verheiratet war.

Friedrich Bernhard Helbing

Im benachbarten Lippendorf wurde er am 29. Juni 1876 geboren. Er besuchte die hiesige Volksschule und heiratete am 14. Mai 1899 Fräulein Emilie Lina Böttcher. Mit seiner Frau führte er eine glückliche Ehe, der sieben Kinder entsprossen. Der älteste Sohn steht gegenwärtig in Meerane unter den Fahnen.

Als der Krieg ausbrach, wurde Helbing in Zeithain als Telegraphist ausgebildet, wo ihn der Chronist besuchte. Bald erwarb sich der begeisterte Soldat das Eiserne Kreuz dafür, dass er in blutiger Schlacht unter dem Hagel feindlicher Geschosse die Leitung ausgebessert hatte. Leider erkrankte unser Bernhard Helbing schwer. Am 12. Oktober 1914 war er ins Feld gegangen, am 4. August 1915 kam er krank zurück und ging ins Lazarett zu Aachen, wo er eine schwere Operation am Halse durchmachen musste. Die Drüsen erkrankten an Tuberkulose.

Anfang Oktober trat Helbing beim Ers.-Batl. in Dresden wieder ein, musste aber am Ende des Monats in Dresden ins Lazarett gehen. Auf ein Gesuch hin wurde er ins Reservelazarett in Leipzig am Nordplatz (Realschule) überführt und am 4. November 1915 ins Krankenhaus St. Jakob aufgenommen. Durch starke Radiumbestrahlungen wurde dem schwer leidenden Krieger zeitweise Linderung geschaffen, doch griff die heimtückische Krankheit immer weiter um sich, bis Helbing am 13. Juni 1916 ihr erlag.

Am andern Tage wurde der Tote nach hier überführt und am 17. Juni auf dem hiesigen Friedhofe beigesetzt unter überaus zahlreich versammelter Trauergemeinde. Treue Kameraden vom Ersatzbataillon seines Truppenteiles trugen unsern Helbing zur letzten Ruhe. Aus dem Krankenhaus St. Jakob waren mehrere Kameraden gekommen, um ihn auf seinem letzten Wege zu begleiten. Herr Pfarrer Franke hielt eine ergreifende Rede, in der er sein musterhaftes Familienleben und seine Verdienste, die er sich um unsere Gemeinde erworben, schilderte. Herr Fabrikbesitzer Arthur Groß von hier widmete unserm so früh verstorbenen Helbing einen warmen Nachruf am Grabe und gedachte der großen Verdienste, die sich Helbing in unseren Ortsvereinen erworben hatte. Helbing war im Militärverein, dessen Vorsitzender er früher war, ein treuer und beliebter Kamerad.

Der Gesangverein verliert in ihm ein treues urdeutsch gesonnenes Sängerherz. Singestunden versäumte Helbing nur im Krankheitsfalle. Er war ein begabter Sänger. Und unsere Freiwillige Feuerwehr hat in Helbing, der vom Beruf Zimmermann war, ihren Hauptmann verloren, der nur sehr schwer zu ersetzen war.

Unser Bernhard Helbing war ein friedfertiger, schlichter und guter Mensch. Bei seiner Beerdigung sah man auf dem Friedhofe viele feuchte Augen, denn wir alle wussten, was wir in ihm verlieren.

Zu bedauern sind vor allem auch seine betagten Eltern, die schon den zweiten Sohn im vollen Mannesalter verlieren. Ein Bruder von unserm Bernhard Helbing starb vor wenigen Jahren an einer schlimmen Blasenkrankheit.

Die letzte Feldadresse unseres Bernhard Helbing war:

Unteroff. B. Helbing, XXI. Armeek. (Res.), Res. Fernsprech-Abt. Nr. 27 Zug 2.

Hermann Paul Winkler

Am 20. März 1896 wurde er in Leisnig geboren. Er besuchte zunächst die Volksschule in Leisnig. Entlassen nach achtjährigem Schulbesuch wurde er aus der Schule zu Schwarzbach bei Rochlitz. Am 19. August 1914 trat er als zweijährig Freiwilliger beim Ers.-Batl. 139 ein und am 25. Oktober 1914 kam er zur 7. Komp. des Inf. Regt. 139, um mit ins Feld zu gehen.

Am 22. Juni 1916 fiel er abends 6.15 Uhr durch Kopfschuss und wurde auf dem Friedhof zu Somme begraben. Winkler war Ritter des Eisernen Kreuzes 2. Klasse und wird von seinem Kompagnieführer, Herrn Oberleutnant Gerber, sehr günstig beurteilt. Hier war er unbekannt, da seine Eltern erst wenige Wochen hier wohnten.

Paul Alfred Ebschbach

Am 9. Dezember 1893 wurde er in Geschwitz bei Rötha geboren. Schon im Jahre 1899 verlor er seine liebe Mutter, die infolge schwerer Erkältung verstarb. Als Halbwaise besuchte er die Volksschulen zu Rötha und Trachenau. In letzterem Dorfe wurde er Ostern 1908 durch den weitbekannten und beliebten Pfarrer Dr. Heinig konfirmiert. Der Vater zog darauf nach Böhlen. Ebschbach arbeitete nun in der Kohlengrube „Viktoria" in Lobstädt. Im Jahre 1913 arbeitete er bei der Firma Kässemodel in Leipzig. Ende 1914 trat Ebschbach beim Militär ein und ging im Sommer 1915 ins Feld und wurde der 8. Komp. des Inf. Regt. 154 zugeteilt. Sein Bruder Arthur Ebschbach diente in demselben Regimente, so dass die beiden Brüder oft zusammen sein konnten. Für erfolgreiche Patrouillengänge erhielt Ebschbach im Sommer 1916 das E.K. II. Klasse.

Am 6. Juli 1916 wurde er durch Granatschuss in Kopf, Arm und Brust schwer verwundet und starb auf dem Transport nach dem Lazarett. Da der älteste Bruder mehrere Tage nichts mehr von seinem Bruder gehört hatte, begab er sich am 15. Juli zum Kompagnie-Feldwebel und musste dort die traurige Nachricht in Empfang nehmen, dass sein lieber Bruder den Heldentod erlitten habe. Nur wenige Wochen zuvor hatten beide Brüder gemeinsam sich photographieren lassen. Und da der gefallene Bruder seine Bilder nicht abgeholt hatte, war der ältere beunruhigt worden und deshalb, wie schon gesagt, zum Feldwebel gegangen. Auf dem Soldatenfriedhof zu Quesnoy in Frankreich ruht unser Ebschbach, der ein so fleißiger, ruhiger und bescheidener Mensch war. Sein Vater wollte zur Zeit des Todes seines geliebten Sohnes in Ostpreußen durch die Russen zerstörte Orte aufbauen helfen.

Friedrich Oswald Meier

Als der älteste Sohn des hiesigen Stellmachermeisters Friedrich Otto Meier wurde er am 19. April 1894 hierselbst geboren. Nach ihm erblickten noch 6 Geschwister das Licht der Welt, von denen der zweitälteste Sohn Hugo auch im Felde steht. Oswald besuchte zunächst die hiesige Volksschule und darauf die polytechnische Gewerbeschule in Leipzig. Dabei erlernte er den Beruf seines so sehr fleißigen Vaters. Letzterer erkrankte an einer Blutvergiftung schwer, so dass er mit der rechten Hand nur noch wenig arbeiten kann. Um so kräftiger arbeitete sein Oswald vom frühen Morgen bis zum späten Abend.

Am 26. August 1915 wurde er jedoch zu den Fahnen gerufen und beim Inf. Regt. 107 in Leipzig ausgebildet. Am 12. April 1916 ging er ins Feld und wurde derselben Kompagnie zugeteilt, der sein Bruder Hugo angehörte. Groß war die Freude der Eltern und Geschwister über diesen Zufall. Doch währte die Freude nicht lange, denn schon am 16. November 1916 ereilte ihn der Tod. Ein Granatsplitter streckte ihn in Gegenwart seines Bruders nieder, der nur wenige Schritte von ihm stand. Letzterer bettete seinen Bruder auf dem Friedhof zu Favreuil zur letzten Ruhe. Oswald Meier war ein äußerst bescheidener, fleißiger und braver Sohn. Sein kurzes Leben ist nur Mühe und Arbeit gewesen.

Wilhelm Storek

Er wurde am 26. Oktober 1882 zu Jakobsdorf im Kreise Kreuzburg geboren. Dort besuchte er zunächst auch die Schule und dann später die zu Proschlitz. In Leipzig-Schönefeld genoss Storek Fortbildungsschulunterricht, der sich zunächst der Landwirtschaft widmete. Im Jahre 1907 trat er in den Dienst der Staatseisenbahn. Ein Jahr zuvor heiratete er Amalie Lina Köhler aus Böhlen, die in Zwenkau geboren wurde.

Schon am 4. August 1914 wurde er zu den Fahnen gerufen und ging bald darauf ins Feld. Nach 2 Jahren, am 15. September 1916, erhielt Storek einen schlimmen Nierenschuss, an dessen Folgen verstarb er am 18. Sept. 1916 und wurde auf dem Friedhofe zu Bertincourt begraben. Der Verstorbene war ein ruhiger und fleißiger Mensch. Schwere Sorgen bereitete ihm sein zweiter Sohn, der in der körperlichen Entwicklung sehr zurückblieb und darum nicht in die Volksschule aufgenommen werden konnte. Für die Witwe ist diese Sorge umso größer. Man bedauert sie überall sehr.

Karl Emil Dietzold

Dieser lebenslustige junge Mann ist auch ein Kind unserer Gemeinde. Er wurde am 2. August 1892 in Böhlen geboren. Kaum ein Jahr alt verlor er seinen lieben Vater, den Arbeiter Franz Moritz Dietzold, der am 19. August 1893 verstarb. Dietzold besuchte die hiesige Volksschule und die Fortbildungsschulen von Groitzsch und Böhlen. Ein Handwerk erlernte er nicht. Am 7. August 1916, also während des Krieges heiratete er Selma Frieda Ilwig, die Tochter eines hiesigen Streckenwärters.

Zum Militär eingezogen wurde Dietzold am 24. Oktober 1914. Am 15. März 1915 ging er ins Feld und wurde am 16. November desselben Jahres am Arme verwundet. Ziemlich geheilt ging er am 21. August zum zweiten Male ins Feindesland und wurde schon am 6. November 1916 zum zweiten Male und dieses Mal sehr schwer verwundet, denn er erhielt einen schweren rechten Ober- und linken Unterschenkelschuss und an dem Arme Weichteilverletzungen, so dass er am 19. November 1916 verstarb.

Schon wenige Tage vor seinem Tode erhielt Frau Dietzold Nachricht, dass das Befinden ihres Mannes schlimm sei und bald darauf traf die Todesnachricht ein. Auf dem neuen Soldatenfriedhofe zu Flesquieres schläft unser Dietzold. Seine Mutter, die schon so viele Jahre Witwe ist, will sich nicht trösten lassen.

Friedrich Alwin Ackermann

Zu Burgliebenau bei Döllnitz wurde er am 12. Mai 1889 geboren, wo er auch die Volksschule besuchte. In Annendorf bei Halle besuchte er die Fortbildungsschule und erlernte das Schmiedehandwerk. Bis zu seiner Einziehung arbeitete er bei Herrn Schirmeister in Leipzig-Connewitz.

Am 24. März 1913 führte er Frl. Bertha Anna Schönherr als seine Frau heim, mit der er nach Böhlen zog und eine glückliche Ehe führte.

Zu Kriegsbeginn, am 3. August 1914, wurde er eingezogen und ging am 7. April 1915 ins Feld. Am 17. Juni 1916 ereilte ihn der Tod dadurch, dass ihm eine Schlagader zerrissen wurde. In Matigny wurde er zur letzten Ruhe gebettet. Ackermann war auf Heimatsurlaub gewesen und wenige Tage nach seiner Rückkehr zur Front musste er den Heldentod erleiden. Er war im Dorfe wenig bekannt, da er am Tage auf Arbeit war und ein sehr solider Mensch war.

Max Paul Ludwig

Auch dieser Krieger ist ein Kind unserer Gemeinde. Ludwig wurde am 25. Februar 1895 hier geboren und besuchte 8 Jahre die hiesige Volksschule, darauf die Fortbildungsschulen zu Rötha und Böhlen. Zu Kriegsbeginn war er Streckenarbeiter auf der hiesigen Bahn.

Am 25. Mai 1915 wurde er zu den Fahnen gerufen und ging am 11. November desselben Jahres ins Feld. Die Todeskugel traf ihn am 21. September 1916. In Lirpsie-Gorna liegt er begraben. Ludwig war ein hübscher junger Mann mit einem guten Gemüt. Mit aufrichtiger Liebe hing er an seinem Lehrer, dem Schreiber dieser Chronik und erfreute ihn durch viele Feldposten. Bei den Nachtmärschen, die durch die Schule mit angehenden Rekruten veranstaltet wurden, war er einer der fleißigsten Teilnehmer. Sein Vater war früher auf dem hiesigen Rittergute Brennmeister und verlor dort an einer Maschine die rechte Hand. Außer den Eltern trauern noch 5 Geschwister um den lieben Sohn und Bruder.

Martin Richard Otto Albrecht

Am 1. August 1895 wurde er in Böhlen geboren und besuchte die hiesige Volksschule, ebenso die Fortbildungsschule und zwar bis August 1910. Hierauf ging er in die zu Werchau bei Schönwalde im Bezirk Halle. Als er eingezogen wurde, diente er beim Herrn Gutsbesitzer Franz Brachwitz in Jessnigk.

Am 25. Juni 1915 wurde er eingezogen und ging am 22. Juli 1915 ins Feld. Ein Jahr nur kämpfte er für das Vaterland, denn schon am 14. Juli 1916 fiel er und wurde in Berentia in Frankreich begraben. Sein Vater ist schon viele Jahre auf dem hiesigen Rittergute Kutscher. Er heißt Martin Friedrich Wilhelm Albrecht und hat eine zahlreiche Familie. Alle seine Kinder sind fleißige, sparsame Menschen, die nun um den Gefallenen trauern.

Erwin Walther

Er wurde als fünftältester Sohn des Handlungsgehilfen Friedrich Karl Walther und dessen Ehefrau Marie Albine Minna Walther, geb. Ehnert am 10. April 1893 in Bernsbach bei Lauter geboren. Am Leben konnte Walther sich schon in der Jugend nicht erfreuen, denn der Vater starb frühzeitig. Sein Onkel Eduard Pursch in Mittweida nahm ihn zu sich, und bei ihm ist er auch aufgewachsen. Zunächst besuchte er in Mittweida die Bürgerschule, dann 6 Jahre die Realschule und darauf 3 Jahre lang das Königl. Lehrerseminar zu

Löbau. Doch wurde er bald zum 2. Ersatz-Bataillon des Landwehr Inf. Regt. Nr. 104 zur 2. Komp. gerufen und in Groß Sürding ausgebildet. Bald ging er ins Feld zur 1. Komp. des Res. Inf. Regt. 101. Bei diesem Truppenteil hat er manchen schweren Kampf mit durchgemacht. In der Sommeschlacht ereilte ihn am 27. August 1916 bei einem Handgranatenkampf der Tod, da er am Arm und Kopfe schwer verwundet wurde. Walther ist um so mehr zu bedauern, da er in seinem Leben nicht viel Freude erlebte. Seine Pflegeeltern schickten ihn z.B. ohne jedes Möbelstück hierher, als er bei uns Hilfslehrer wurde. Die ganze Einrichtung seiner Wohnung musste er sich selbst kaufen und zahlte alles gewissenhaft ab. Seine betagte Mutter unterstützte er besonders während des Krieges reichlich. Er war ein etwas verschlossener Charakter und sprach wenig. In der neuen Schule erinnert ein Gedenkstein an unserem Walther.

Karl Max Hugo

Am 10. September 1896 wurde Hugo in Böhlen geboren. Er besuchte die hiesige Volksschule und die zu Breunsdorf, darauf die Gewerbeschule zu Borna. Zu Kriegsbeginn arbeitete er im väterlichen Schneidergeschäft in Böhlen.

Am 21. Oktober 1915 wurde er zu den Fahnen gerufen und erlitt am 22. Oktober 1917 den Heldentod fürs Vaterland, er war also 2 Jahre und 1 Tag Soldat. Begraben liegt er in Flandern. Hugo war mein ehemaliger Schüler, ein fleißiger braver Mensch, der seinen Eltern durch Bescheidenheit und Eifer Freude machte, die nun umso mehr zu bedauern sind. Der Vater betreibt hier ein gut gehendes Schneidergeschäft und ist ein geachteter Mann. Da durch Mangel an Stoff sein Geschäft nicht mehr so flott ging wie früher, so wurde er im Kriege eine Zeit lang an der Post als Hilfsbeamter angestellt, seine Schneiderei betrieb er trotzdem weiter, wobei ihm seine Frau tatkräftig zur Seite stand. Um den Gefallenen trauern neben den Eltern noch 2 Brüder und 1 Schwester.

Peter Reinhold Frens

Aus dem angrenzenden Thüringen stammt dieser Krieger. Er wurde am 4. März 1894 in Plotha in Thüringen geboren und besuchte die Volksschulen zu Großzössen, Leipzig, Cröbern, Rötha und Böhlen, ferner die Fortbildungsschule zu Böhlen. Er war ein bescheidener, ruhiger Jüngling, der in Leipzig arbeitete. Seine Eltern betreiben hier Landwirtschaft und Gemüsehandel. Frens diente freiwillig bei den Husaren und ging mit ihnen ins Feld. In Russland erlitt er den Heldentod.

Friedrich Wilhelm Dreßler

Am 12. Februar 1870 wurde Dreßler in Utleben geboren. Dort besuchte er anfangs auch die Volksschule und später die zu Brachwitz bei Halle.

Am 1. Juli 1915 wurde er zu den Fahnen gerufen und am 22. Juli schon ging er ins Feld und kämpfte gegen die Russen. Krank kam er zurück und weilte eine Reihe Monate hier. Am 20. September 1917 ging er zum zweiten Male ins Feindesland und erkrankte abermals. Zur Ruhr kam Lungenentzündung hinzu. Die schweren Krankheiten rafften ihn am 6. November 1917 dahin. Unser Dreßler verstarb im Reserve-Lazarett zu Amberg. Rührend ist, wie er kurz vor seinem Tode noch seiner lieben Frau mitteilt, dass ihm etwas Menschliches passieren könne und wie er alles anordnet, was nach seinem Tode geschehen soll. Vor allem gedenkt er seines einzigen Töchterchens Helene Hildegard Dreßler, geboren am 19. Mai 1911. Nach seiner Anordnung wurde er in Böhlen begraben. Zwei Leipziger Vereine und der hiesige Königl. Sächs. Militärverein gaben ihm mit ihren Fahnen das letzte Geleit. Groß war die Beteiligung und die Teilnahme beim Begräbnis. Dreßler war ein braver, starker und überaus fleißiger Mann. Restlos arbeitete er vom frühen Morgen bis späten Abend.

Auf der Südstraße hier baute er ein hübsches Haus und legte eine 2 ½ Acker große Gärtnerei an. Die Witwe betreibt nun mit ihren Eltern das Geschäft allein weiter. Kurz vor seinem Tode sprach Dreßler noch den Wunsch aus, dass seine liebe Frau nicht wieder heiraten möge, sondern sein verdientes Vermögen recht fest zusammenhalten sollte. Die Witwe Dreßler verkaufte später ihr Haus und die Gärtnerei an einen gewissen Buchheim.

Ernst Arthur Große

Über sein Leben berichtet er selbst Folgendes:

„Am 17. Mai 1895 wurde ich zu Rötha geboren und erhielt von meinen Eltern den Namen Ernst Arthur Große. Als ich einige Wochen älter war, brachten sie mich in die St. Georg-Kirche und ich wurde als Christ getauft. So verflossen die Jahre meiner Kindheit. Mit dem 6. Jahre kam ich in die Volksschule zu Rötha. Im 6. Jahre meiner Schulzeit wurden ich und meine (Schwester)Geschwister mit der traurigen Nachricht beschenkt, dass mein Vater gestorben war. Es war im Jahre 1906. Ostern 1909 wurde ich aus der Volksschule zu Rötha entlassen und trat als Maler in die Lehre bei der Firma Robert Otto & Sohn. Ich musste daselbst 3 ½ Jahre lernen, aber ich nicht allein, sondern noch verschiedene andere mit, so wurde mir die Zeit nicht lang. Auch musste ich drei Jahre lang in die Fortbildungsschule gehen, wo ich Ostern 1912 entlassen wurde. Und mit dem 30. September war meine Lehrzeit zu Ende."

Die Mutter Großes heiratete am 26. November 1909 den hiesigen Gemeindediener August Gärtner, der sich von seiner Frau hatte scheiden lassen, da sie die Ehe gebrochen hatte, dadurch, dass sie sich mit anderen Männern herumtrieb. Gärtner lebt mit seiner zweiten Frau in glücklicher Ehe und haben die Kinder seiner Frau in ihm einen treusorgenden Stiefvater gefunden. Am 3. Pfingstfeiertag 1915 wurde unser Große zu den Fahnen gerufen, am 3. April 1918 traf ihn das schwerverwundende Geschoss. Mit einer schlimmen Kopfwunde wurde er in das Feldlazarett 300 eingeliefert, wo er am 21. April nachts 11 Uhr verstarb. Die Beerdigung fand am 22. April auf dem Soldatenfriedhof in Harbonnieres südöstlich von Amiens statt. Der Grabhügel ist mit einem Holzkreuz versehen, das die Nr. 126 trägt. Um den Verschiedenen trauern die Eltern, Geschwister und seine Braut Hedwig Meier, die Tochter des hiesigen Stellmachermeisters, die schon einen Bruder im Weltkrieg verlor.

Kurt Paul Hofmann

Am 20. Juli 1895 wurde Hofmann in Leipzig geboren als der Sohn des hiesigen Kaufmannes Friedrich Paul Hofmann, der früher Schmiedemeister war und die Stöhnaer Schmiede besaß. Er besuchte acht Jahre lang die hiesige Volksschule. Darauf widmete er sich der Landwirtschaft und arbeitete bei dem Gutsbesitzer Max Bachmann in Stöhna, später trat er in Eisenbahndienste ein und arbeitete auf der Strecke.

Am 26. Juni 1915 wurde er zum Militär einberufen und ging am 20. Oktober 1915 ins Feld. Drei Jahre lang verteidigte er dort sein Vaterland. Er wurde aber durch Kopf- und Oberschenkelschuss, sowie Unterschenkelschuss so schwer verwundet, dass er am 21. September 1918 im Feldlazarett 306 verstarb. Auf dem Soldatenfriedhof zu Lauwe liegt unser Hofmann begraben. Er war ein bescheidener und höflicher Mensch.

Zu Beginn des Krieges beteiligte er sich fleißig an den Marschübungen, die der Schreiber dieser Zeilen veranstaltete, um die jungen Leute für den Kriegsdienst vorzubereiten.

Franz Paul Schmöller

Zu Böhlen wurde er am 19. April 1896 geboren. Ostern 1902 wurde er in die Schule zu Schönefeld aufgenommen. Im Jahre 1908 zogen seine Eltern nach Böhlen, wo Schmöller aus der hiesigen Schule entlassen wurde. Er widmete sich dem Kürschnerberufe und trat beim Herrn Scholle in Rötha in die Lehre. Ebenso besuchte er 3 Jahre lang die Fortbildungsschule.

Im Oktober 1915 wurde er zum Militär einberufen und ging im März 1916 ins Feld. Am 21. September desselben Jahres wurde er als vermisst gemeldet, im Februar 1917 hat ihn ein Kamerad gefunden. Der Kopf war vom Rumpfe getrennt. Begraben liegt er bei Villers Carbonel südlich von Peronne an der Somme. Der Vater Schmöllers ist der hiesige Landwirt Franz Schmöller, der auch im Feldzuge teilgenommen hat, und welcher Vater von 6 Kindern ist. Er bewirtschaftete das Gut seiner Schwiegermutter Wilhelmine Penndorf.

Christian Oskar Wildeck

Im nahen Borna wurde er am 29. Mai 1897 geboren, trat im Jahre 1903 in unsere Volksschule ein, die er bis 1911 besuchte. Nach beendeter Schulzeit trat Wildeck bei Herrn Schuhmachermeister Hermann Berger in Borna in die Lehre. Am 18. April 1917 wurde er als Trainsoldat zu den Fahnen gerufen. In Leipzig erlangte er seine Ausbildung und ging schon am 2. Juni 1917 nach Mazedonien ins Feld. Schon am 8. August desselben Jahres ereilte ihn im Feldlazarett 314 der Tod. Das Lazarett war in Dunje. Ruhr war die Todesursache. Wildeck war der Sohn des schon im Jahre 1903 verstorbenen Schneidermeisters Otto Max Wildeck und seiner Ehefrau Marie Anna, geb. Endner. Diese Witwe betrieb bis zum Kriege mit gutem Erfolg den Schnittwarenhandel und besuchte vor allem die um Böhlen liegenden Dörfer. Durch den Krieg aber wurde ihr Geschäft lahmgelegt durch Stoffmangel. Unser Soldat Wildeck war ein äußerst liebenswürdiger und hübscher junger Mann, den jedermann gern hatte. Die Witwe wurde darum umso mehr bedauert. Eine einzige Tochter ist nun die Hoffnung fürs Alter. Sie heiratete später den Werkführer Kreysch aus Böhlen, der im Jahre 1927 auf der Röthaer Straße ein Haus baute. Eine zweite Tochter raffte im Jahre 1908 die Tuberkulose dahin.

Gustav Richard Schiebold

Auch er ist ein Böhlener Kind und wurde am 1. August 1895 geboren. Sein Vater war der Handarbeiter Johann Eduard Schiebold, der schon am 2. August 1901 verstarb. Schiebold besuchte die Volksschule zu Böhlen und später eine Fortbildungsschule in Leipzig. Das Malerhandwerk lernte er bei Herrn Malermeister Schiebold hier.

Am 28. Mai 1915 wurde er eingezogen und ging am 26. August 1915 ins Feld. Am 9. August 1916 starb er für sein Vaterland und nur zweimal während seiner Militärzeit ist er bei seiner Mutter auf Urlaub gewesen. Diese heißt Emilie Auguste Luise Schiebold. Sie besorgt hier den Kirchendienst. Ihr gefallener Sohn hat so manches liebe Mal unsere Kirchenglocken geläutet. Er war ein ruhiger Mensch, der seine Mutter innig liebte, die nun so sehr um ihn trauert.

Kurt Otto Mehnert

Er stammt aus Markkleeberg und wurde dort am 23. Juli 1896 geboren. Er besuchte die hiesige Volks- und Fortbildungsschule und war ein fleißiger und folgsamer Schüler. Bei Herrn Bäckermeister König hier erlernte er das Bäckerhandwerk. Herr König lobte Mehnert stets als einen ganz besonders ordentlichen und sparsamen Menschen. Auch seinen Altersgenossen gegenüber war er ein guter Kamerad. Gern nahm er an den Wanderungen und Jugendspielen teil, die der Schreiber dieser Zeilen veranstaltete.

Am 4. Mai 1916 musste Mehnert in Plauen beim Militär eintreffen und schon nach 2 Monaten ging er ins Feld. Am 30. Juni 1918 wurde er durch Granatsplitter verwundet und am 2. Juli starb er an den Folgen der Verwundung, tief bedauert von allen, die ihn kannten. Sein Vater ist der hiesige Schneidermeister Gustav Paul Mehnert, der eine Zeit lang freiwillig am Feldzuge gegen Russland teilnahm. Auch ein Bruder des Gefallenen kämpfte längerer Zeit für sein Vaterland.

Alfons Hermann Ewald Sumpf

Aus Weißenfels stammt er, wo er am 16. Oktober 1898 geboren wurde und vom 6. bis 10. Jahre die Schule besuchte. Dann kam er nach Halle auf die Fränkische Stiftung und wurde am 23. Februar 1912 konfirmiert. Hierauf besuchte er im Winterhalbjahr die Gläsersche Handelsschule. Im Sommer ging er auf Maurerarbeiten, um Baumeister zu werden. Des Krieges wegen trat er am 12. Oktober 1914 in die Unteroffiziersschule zu Magdeburg ein. Am 1. November 1915 meldete er sich freiwillig zum Inf. Regt. 107 in Leipzig, und am 12. April 1916 ging er ins Feld nach dem Westen. Am 16. November 1916 wurde er am Unterschenkel leicht verwundet. Im Etappenlazarett zu Valenciennes wurde er geheilt, wurde am 23. November zum Gefreiten befördert. Am 24. Januar 1917 wurde er dem Ersatzbataillon Leipzig zugeteilt. Am 11. September 1917 ging Sumpf nach dem Osten. Am 22. November schon wurde er auf einem freiwilligen Patrouillengange schwer verwundet, infolgedessen das rechte Bein abgenommen werden musste. Schon am 14. Dezember wurde er von Riga abtransportiert und gelangte nach 3-tägiger Fahrt ins Vereinslazarett Sonnenburg, wo er schon am 19. Dezember infolge großen Blutverlustes starb. Am 24. Dezember wurde sein Leichnam nach hier überführt und am 25. Dezember auf unserem Friedhofe beigesetzt. Sein Vater war der Oberpostassistent Hermann Sumpf, der schon am 8. November 1908 in Weißenfels verstarb. Seine Mutter heißt Bertha, geb. Schwarze, die hier als Witwe lebt mit ihrer Tochter Hilde. Sumpf war ein für sein Vaterland begeisterter Mensch von kameradschaftlichem Sinn. Den Kasernendienst hasste und den Frontdienst liebte er. Tief zu bedauern ist die arme Witwe, die in ihm ihren einzigen Sohn verliert.

Fritz Walter Kirbach

Er stammte aus Wittgensdorf, wo er am 14. September 1896 geboren wurde. Er besuchte die Volksschule zu Böhlen mit recht gutem Erfolge und darauf die Fortbildungsschule zu Regis, wo er bei Herrn Schlossermeister Patzschke das Schlosserhandwerk erlernte.

Am 14. Februar 1916 wurde er einberufen und ging am 17. Mai desselben Jahres ins Feld. Schon am 17. August 1916 musste er vor Verdun für sein Vaterland verbluten. Sein Vater ist bei der Eisenbahn Rottenführer, sein Bruder befindet sich in englischer Gefangenschaft, ein anderer bei den Kraftwagenführern. Kirbach war ein schöner Mensch mit liebevollem Wesen, der Stolz und die Hoffnung seiner tiefbetrübten Eltern.

Otto Paul Schilling

In Rötha wurde er am 8. September 1892 geboren. Sein Vater hieß Karl Julius Schilling und war ebenda Gutsbesitzer. Nachdem Schilling die Volksschule in Rötha besuchte, wurde er in Leipzig Notenstecher. Am 24. November 1916 trat er in Borna beim Militär ein, schon am 24. Juli 1917 wurde er durch Hüftschuss tödlich verwundet, nachdem er erst seit dem 10. Mai desselben Jahres im Felde war.

Schilling war seit dem 19. November 1916 mit Marie Lina Schilling, geb. Taubert von hier verheiratet, die mit einem Söhnchen um ihn trauert. Schilling war ein ruhiger, höflicher und guter Charakter.

Hermann Otto Heyne

Zu Schraplau wurde er am 16. September 1883 geboren. Sein Vater war dort Fleischermeister, hier besuchte er auch die Volksschule. Hierauf ging er in die Lehre zu Herrn Bäckermeister Otto Köhler in Eisleben, wo er auch die Fortbildungsschule besuchte.

Am 8. April 1915 wurde er eingezogen, ging am 5. Juni desselben Jahres ins Feld und fiel am 10. Juni 1918 durch Kopfschuss. In seinem Berufe hatte Heyne nicht weiter gearbeitet, sondern er arbeitete in der Kieritzscher Ölfabrik. Unbeschreiblich groß war Heynes Sehnsucht nach seiner Familie. Er hat dem Chronisten viele, viele Ansichtskarten geschickt, die alle von großer Sehnsucht nach Heimat zeugen. Seine Frau heißt Lina Heyne, geb. Heinicke, die nun mit einem 6-jährigen Töchterchen um den Gatten trauert. Während des Krieges wurde Heyne ein Söhnchen geboren, das aber bald nach der Geburt verstarb.

Franz Pfeifer

Der bis zur Einberufung bei Herrn Gärtnereibesitzer Richard Neschke hier beschäftigte Gärtner wurde in Haindorf bei Friedland geboren. Seine Eltern leben in Böhmen. Näheres ist nicht zu erfahren.

Willi Arno Schwarze

Schwarze wurde am 10. Juli 1889 in Möckern bei Leipzig geboren. Er besuchte die Volksschule Saara bei Lehndorf in Sachsen-Altenburg. Darauf trat er in Dienste bei den Zentralheizungswerken in Leipzig und arbeitete dort als Hilfsmonteur. Am 25. März 1912 wechselte Schwarze seinen Beruf, indem er in die Dienste unserer Sächsischen Staatseisenbahn trat.

Schon am 18. November 1914 wurde er zu den Fahnen gerufen. 3 Jahre war er im Felde, bis ihn am 5. Juli 1917 der Tod ereilte. Eine kinderlose junge Witwe trauert nun um ihn. Schwarze war ein guter Charakter, ein Mann, der seinen Dienst gewissenhaft nahm.

Oswin Reinhold Brumme

Am 23. Juli 1893 wurde er in Ehrenhain in Sachsen-Altenburg geboren. Er besuchte die Schule in Nobitz in Sachsen-Altenburg. Nach der Schulzeit trat er bei unserer Eisenbahn in Dienst. Sein Vater, Moritz Brumme, war in Böhlen Weichenwärter 1. Klasse.

Am 7. Dezember 1914 wurde er zu den Fahnen gerufen und ging am 12. April 1915 ins Feld. Seit dem 12. Juli 1916 wird er vermisst. Er kehrte von einem Sturmangriff in der Sommeschlacht nicht wieder zu seinem Regiment zurück.

Robert Max Thoß

Dieser tief zu bedauernde Krieger wurde am 18. September 1881 in Lausigk geboren. Er heiratete Lina Martha Thoß, geb. Esche. Aus der Ehe ging ein Töchterchen hervor. Leider geriet Frau Thoß auf die schiefe Ebene und hielt die Ehe nicht heilig. Als Thoß deshalb auf Urlaub kam, fand er seine Wohnung fast leer, da seine Frau fast alles verkauft hatte. Er beantragte darum am 7. Juni 1918 die Trennung von seiner Ehe. Den Erfolg seiner Klage konnte er leider nicht erleben, denn er fiel am 29. August 1918 nachmittags 1 ¾ Uhr bei Bullecourt. Thoß war ein ruhiger, fleißiger Mann, der von vielen sehr bedauert wird.

Hermann Alfred John

Am 2. Mai 1894 wurde er in Rötha geboren, wo er auch die Volks- und Fortbildungsschule besuchte. Von 1909-1911 lernte er bei Herrn Rylke die Kürschnerei. Am 6. November 1914 wurde er eingezogen und war bis 20. August 1916 im Westen, wo ihn der Tod ereilte. Bei Flers wurde er beerdigt. Auf Urlaub sich befindend heiratete er am 26. März 1916 Emma Rudolph von hier. Die junge Witwe und ihr Töchterchen bedauern unsern John, der ein so ordentlicher Mensch war.

Rudolph Martin Schneider

Er war Gärtnergehilfe bei dem damaligen Gärtnereibesitzer Arnold in Böhlen auf der Südstraße. Geboren wurde er am 19. Juni 1896 in Jauer in Schlesien. Durch Brustschuss fiel er als Gefreiter am 28. März 1918 im Alter von 21 Jahren 5 Monaten 9 Tagen.

Friedrich Karl Wilhelm Lippold

Geboren wurde er am 24. März 1871 in Eisleben und starb am 10. Juni 1919 im Feldlazarett Nr. 15 in Suwalki als Oberapotheker im Alter von 48 Jahren 2 Monaten 16 Tagen.

Christian Heinrich Hansen

Von ihm konnte nur ermittelt werden, dass er Gärtner in Böhlen war und am 21. September 1915 in Kosminowzy im Alter von 29 Jahren und 9 Monaten den Heldentod fand.

Karl Heinrich Friedhoff

Auch Friedhoff war Gärtner in Böhlen, der am 13. April 1891 in Wagenfeld geboren wurde. Er starb im Feldlazarett zu Wiesbaden im Alter von 23 Jahren 6 Monaten 17 Tagen.

Friedrich Otto Lehmann

Er ist der Sohn des hiesigen Schuhmachermeisters Otto Lehmann. Geboren wurde er am 14. Juli 1895 in Leipzig-Kleinzschocher. Nachdem er eine Leipziger Volksschule besucht hatte, wurde er Maschinenzeichner.

Im Oktober 1915 wurde er zum Heeresdienst einberufen. Einen Monat später ging er ins Feld nach Frankreich und kämpfte beim Inf. Regt. Nr. 139. Später kam er nach Russland zum Landw. Inf. Regt. Nr. 350, zur 9. Komp. Am 14. März 1918 fiel er durch Herzschuss in Marianowka in der Ukraine. Ein Bolschewist war es, der unseren Lehmann um sein junges Leben brachte.

Otto Walter Lehmann

Dieser Krieger ist der Bruder von Friedrich Otto Lehmann. Geboren wurde er am 25. Mai 1891 in Leipzig-Kleinzschocher. Auch er besuchte eine Leipziger Volksschule und erlernte danach das Schuhmacherhandwerk.

Als Soldat diente er von 1910-1912 bei der 3. Komp. des Inf. Regt. Nr. 179 in Wurzen. Ins Feld zog er mit der 6. Komp. des Inf. Regt. Nr. 179 bei Kriegsbeginn. Am 8. September 1914 wurde er in der Marneschlacht verwundet. Im November 1914 ging er zum zweiten Male ins Feld zu seinem alten Truppenteil. Seit der Sommeschlacht am 14. August 1916 wurde Lehmann vermisst.

Lehmanns Eltern haben im Weltkriege also beide Söhne verloren.

Böhlen, am 1. Oktober 1935   O. Fritzsche

Aus russischer Gefangenschaft kehrte

Hermann Weste

nicht zurück.

Richard Rudolph

Rudolph wurde am 7. Mai 1897 in Böhlen geboren. Er entstammt einer kinderreichen Familie von 5 Knaben und 8 Mädchen. Sein Vater war Maurer, der das Hausgrundstück Nr. 15 auf der Röthaer Straße besaß. Von Beruf war unser Rudolph Zurichter. Seine Schulbildung hatte er in Böhlen genossen, worauf er die Fortbildungsschule von Rötha besuchte.

Von 1911-1913 genoss er seine militärische Ausbildung. Am 1. August 1914 zog er in den Weltkrieg und wurde schon im September desselben Jahres bei Chalon gefangen genommen. In der Gefangenschaft ist es ihm übel ergangen. Am 12. Februar 1920 kehrte er in die Heimat schwerkrank zurück. Schon am 29. Februar starb er an einem Sonntage. Allem Anscheine nach waren Rudolph im Gefangenenlager die Verdauungsorgane auf immer ruiniert worden. Zunge und Schlund zeigten eine starke Decke.

Auf dem Friedhofe an der Röthaer Straße liegt unser Rudolph begraben.

Böhlen, am 16. Mai 1939   O. Fritzsche

Die Soldaten von Stöhna, die im Weltkriege den Tod für das Vaterland erleiden mussten:

Max Willi Wehrmann

Am 3. April 1895 wurde er in Großstädteln geboren. Vom 6.-8. Lebensjahr besuchte er die Volksschule zu Großdeuben, vom 8.-10. Lebensjahr die dritte höhere Bürgerschule in Leipzig und vom 10.-15. Lebensjahr die Barthsche Privatschule ebenda.

Vom 15.-18. Jahre lernte er im Sommer Maurer. Im ersten Winter besuchte er die Bauschule in Roda in Sachsen-Altenburg und im 2. und 3. Winter die Bauschule in Leipzig. Im Herbst 1913 trat er als Dreijährig-Freiwilliger beim 1. Husarenregiment Nr. 18 in Großenhain ein. Als 1914 der Krieg begann, ging er gleich am 2. Mobilmachungstag ins Feld.

Am 1. Mai 1917 trat er zur Fliegertruppe über. Gekämpft für sein Vaterland hat er in Frankreich, Russland und Rumänien. Zweimal war er verwundet. Am 28. März 1918 stürzte er mit seinem Flugzeug ab und verunglückte tödlich. Auf dem Friedhofe zu Großdeuben ruht der wackere Krieger seit dem 7. April 1918. Sein Vater ist der in weiten Kreisen bekannte Baumeister und Ziegeleibesitzer Friedrich Wehrmann in Stöhna.

Robert Arno Fiedler

Er ist ein Stöhnaer Kind und wurde hier am 8. April 1883 geboren, besuchte unsere Volksschule in Böhlen und ebenso die Fortbildungsschule.

Am 3. August 1914 ging er in den Krieg. Im Kampfe gegen die Russen fiel er in der Nacht vom 31. Januar zum 1. Februar bei einem Gefecht an der Pilica. Seine Ehefrau Wilhelmine, geb. Hempel trauert um den lieben Gatten, der außer ihr 5 Kinder im zarten Alter hinterließ. Fiedler lebte im Felde in guter Kameradschaft mit dem Maurer Ernst Grödel aus Böhlen. In Stöhna besaß er ein kleines Wohnhaus, dem Gutsbesitzer Heinker gegenüber.

Friedrich August Stolle

In Oetzsch wurde er am 14. November 1892 geboren. Dort besuchte er auch vom Jahre 1899 an die Volksschule. Vom Oktober 1900 an wohnten seine Eltern in Stöhna, weshalb er vom Jahre 1900 an die Volksschule Böhlen besuchte. Ostern 1907 ging Stolle nach seiner Konfirmation nach Zwenkau zu Herrn Sattlermeister und Wagenbauer Kluge in die Lehre und besuchte die Fortbildungsschule zu Zwenkau.

Am 28. August 1915 trat er unter die Fahnen und ging am 15. Oktober desselben Jahres ins Feld. Zwei Jahre kämpfte er mit und zwar die schlimmen Schlachten an der Somme und der Lorettohöhe, bis ihm am 30. August 1917 bei Tahure der Tod ereilte. In St. Morell liegt er begraben.

In der Schule war Stolle ein ernster, fleißiger und gewissenhafter Schüler.

Paul Max Konetzki

Am 24. Juli 1896 wurde er in Stöhna geboren. Er besuchte die Volksschule zu Böhlen 8 Jahre lang. Danach trat er bei dem Bornaer Stadtmusikdirektor in die Lehre ein, um sich als Berufsmusiker ausbilden zu lassen.

Im Dezember 1915 wurde er zu den Fahnen gerufen und in Chemnitz ausgebildet. Im September 1916 ging er ins Feld. Nachdem er von der Front aus nur einmal auf Urlaub gewesen war, musste er am 15. August 1917 sein Leben für das Vaterland lassen, weil er im linken Bein und rechten Arm durch Maschinengewehrfeuer sehr schwer verwundet worden war.

Sein Vater hieß Johann Joseph Oswald Konetzki, war Tagearbeiter in Stöhna und bewohnte das Armenhaus. Er war Nachtwächter seines Dorfes, durch Schlaganfall war er arbeitsunfähig geworden, sodass es ihm schwer wurde, seine 7 Kinder zu ernähren.

Festrede bei Begrüßung der Krieger

„Nach 4 ½-jähriger Dauer ist der Weltkrieg endlich vorüber. Er hat ein Ende genommen, wie wir es zu seinem Beginn nie erwartet hätten. Deutschland liegt zerschmettert am Boden und gallische Rachgier sucht aus dem Lande des Besiegten herauszuholen, was noch herauszuholen halbwegs geht. Und Sie, meine Herren Offiziere und Krieger, Sie haben uns, die Heimat, das Vaterland 4 ½ Jahre geschützt, haben wie eine Mauer von Stahl und Eisen Deutschland vor der Zertrümmerung seiner Gefilde, Städte und Dörfer behütet. Das kann Ihnen niemand genug danken, diese Dankesschuld der Heimat ist so unendlich groß, dass niemand vermag, sie zu bezahlen. Was haben Sie während des rauen Krieges doch alles ertragen müssen! Wie mancher von Ihnen hat ein Gutteil seiner Gesundheit zugesetzt. Bei Frost und Hitze, in Schnee und Dauerregen haben Sie Tag und Nacht da draußen gestanden, keine Minute sicher, von der tödlichen Kugel ereilt zu werden. Wie mancher von Ihnen kam verwundet zurück in die Heimat und ging, kaum geheilt, wieder an die Front. Solche Anstrengungen können nur Helden ertragen, und Helden sind Sie alle miteinander gewesen, sonst konnten Sie nicht so lange der Unzahl der Feinde widerstehen. Seien Sie aber versichert, dass auch wir in der Heimat unsere Last zu tragen hatten. Mit doppelter Anstrengung mussten wir arbeiten und ernteten oftmals nicht den rechten Dank oder die verdiente Anerkennung. Vor allem muss unsern Kriegersfrauen großes Lob gezollt werden. Wie fleißig bestellten diese mit ihren Kindern die heimatlichen Fluren, um uns vor dem Hungertode zu bewahren, wie fleißig arbeiteten sie in den Gärtnereien und Fabriken, damit überall der Betrieb aufrecht erhalten werden konnte. Viel haben auch fleißige Kinderhände geleistet.

Als ein ganzes Teil Krieger ins Feindesland gegangen war, dachte ich mir in aller Stille meinen Plan aus, der darin bestehen sollte, zwischen unsern Kriegern und der Heimat eine möglichst gut arbeitende Verbindung herzustellen, so dass die Krieger auch draußen im Feindesland immer über die geliebte Heimat orientiert waren. Zunächst setzte ich mich selbst an den Schreibtisch und schrieb an Sie und beantwortete alle an mich gerichteten Fragen. Doch zeigte sich bald, dass eine Kraft zu dieser Arbeit nicht ausreichte. Ich ließ mir nun Berichte mit der Schreibmaschine herstellen. Das ging viele Monate ganz gut. Besonders unterstützte mich der leider auch gefallene Herr Gothan. Er hat manchen Sonntag geschrieben und Ihnen das Neueste aus der Heimat mitgeteilt. Doch nahm die Zahl der Krieger derartig zu, dass ich zuletzt niemanden mehr fand, der mich bei meiner Arbeit unterstützte. Ich griff zu einem neuen Mittel und spannte die Kinder meiner ersten Klasse ein. Mit großem Fleiße haben diese oft an einem einzigen Tage zwanzig und noch mehr Seiten geschrieben. Und groß war die Freude der Kinder, wenn sie von ihren Kriegern eine Dankeskarte erhielten. Neben diesen vielen Briefen und Karten, den Heimatberichten, die Sie im Feindesland von den Kindern erhielten, es mögen ungefähr 8000 gewesen sein, war der Verfasser der Berichte in der Lage, Ihnen Kleidungsstücke und Lebensmittel zu schicken, die sicher viel Freude bereitet haben. Und wenn ich heute Abend die angenehme Pflicht habe, vielen unter Ihnen zu danken, die mich bei meiner Arbeit unterstützt haben, so gebührt mein Dank vor allem unsern beiden Fleischermeistern Gustav und Otto Schmidt, die Sie mit manchem schönen Päckchen erfreut haben. Dann gilt mein Dank den beiden Bäckermeistern. Nicht vergessen will ich unsere Post. Zu jeder Stunde konnte ich mit meinen hunderten von Feldpostpäckchen kommen und wurde auch außerhalb der Dienstzeit empfangen, denn es galt, für unsere lieben Krieger etwas Gutes zu tun. Und wenn ich weiter danke, so gilt mein Dank vor allem denen, die mich mit Geldmitteln reichlich unterstützten. Meine Damen und Herren, ich habe im Laufe des Krieges 1763 M 66 Pf. gesammelt, um meine Einrichtung aufrecht erhalten zu können. Schon aus der hohen Summe ersehen Sie, dass man willig, gern und viel gab. Mit Kleinigkeiten befassten sich die meisten Geber nicht. Besonders ein hiesiger Herr fertigte mich mit Hundertmarkscheinen bei Weihnachtssammlungen ab. Mancher, der nicht reich an Mitteln war, hielt es für seine Pflicht, den Kriegern einen Taler oder wenigstens eine Mark zu stiften. Das Einsammeln des Geldes war also nicht schwierig. Weit schwerer war oft der Ankauf der Geschenke. Doch ist alles immer glücklich gelungen. An den Weihnachtsfesten habe ich jedes Jahr mehrere Sonntage vorher mit meiner ersten Schulklasse verpackt. Frohe Lieder wurden dabei gesungen. Am Montag früh gingen dann große Körbe voll mit Liebesgaben ins Feindesland ab. Als aber die Schwierigkeiten in der Ernährung unseres Volkes immer größer wurden, da musste ich dann die Verschickung von Lebensmitteln einstellen und konnte Sie zuletzt nur noch durch Briefe erfreuen. Seien Sie versichert, ich habe diese zeitraubenden Arbeiten gerne getan. Ich habe mich durch niemanden irre machen lassen, sondern bin ruhig und bedachten Schrittes weiter gegangen. Ich sagte mir immer: Wenn du durch deinen Beruf verhindert bist, mit in die Reihen der Kämpfer einzutreten, dann willst du für die Krieger deiner beiden Gemeinden wenigstens tun, was du nur irgend kannst! Und ich bin der festen Überzeugung, dass ich damit meiner Schule keinen Schaden getan habe, sondern ein festes Band ist zwischen Schule und Haus entstanden, das hoffentlich nie zerreißt. Und wenn manche Kriegersfrauen mir aus irgendwelchen Gründen ihre Geheimnisse offenbarten, ich habe nie eine Silbe verraten, sondern ihnen gern beigestanden, selbst wenn es galt, gegen behördliche Entscheidungen Front zu machen. Es sind hunderte von Gesuchen und Briefen, die ich für Ihre Frauen erledigt habe. In der Regel krönte ein schöner Erfolg die kleine Mühe. Nun ist diese Arbeit beendet, denn der Weltkrieg ist vorbei und das schreckliche Völkermorden vorüber. Und mein innerstes Bedürfnis war, Sie meine Herren Offiziere, und Sie, meine lieben Krieger, Sie in der Heimat aufs herzlichste willkommen zu heißen. Haben Sie herzlichsten Dank für die überaus vielen Briefe, Karten und Andenken, die Sie mir schickten, Kisten voll sind es. Ich werde diese gewissenhaft aufbewahren und sie später vielleicht einmal dem Militärverein meiner Gemeinde oder sonst jemanden vererben, ebenso werde ich eine Abschrift aller Heimatberichte dem Militärverein übergeben, damit die Nachwelt später einmal über unsere Heimat während des Weltkrieges lesen kann. Bei Ihrer Rückkehr in die Heimat finden Sie nun, meine lieben Krieger, vollkommen neue Verhältnisse vor, denn die Revolution ist auch in Sachsen eingezogen. Man fragt sich manchmal, wie war es nur möglich, dass der alte Bau so plötzlich und blitzschnell verschwand? Wer sind die Schuldigen, die diesen Zusammenbruch auf dem Gewissen haben? Wir wollen heute Abend nicht nach den Schuldigen suchen, sondern uns freuen, dass die Revolution fast unblutig verlief, wollen uns freuen, dass die Revolution uns manches gebracht hat, was wir Jahrzehnte besonders auf dem Gebiete der Schule herbeigesehnt haben. Und wir alle wollen feierlich geloben, das neue deutsche Reich mit bauen zu helfen. Wenn ich Sie nun meine Herren Offiziere und Krieger, heute Abend aufs herzlichste willkommen heiße, so kann ich das nicht, ohne von einer gewissen Wehmut ergriffen zu sein. Noch schmachten eine ganze Anzahl der Unsrigen in der Gefangenschaft, die ich noch nicht mit begrüßen kann. Und, meine Lieben, wieviele sind es, die im fernen Feindeslande sich verblutet haben und dort in kühler Erde schlummern! Sie haben ihr Leben für uns, fürs Vaterland, für die Heimat geopfert. Wieviele Witwen trauern um ihre gefallenen Männer, wieviele Bräute trauern um den gefallenen Bräutigam, wieviele Waisen betrauern den guten Vater! Schrecklich groß ist die Zahl der Gefallenen, unendlich großes Herzeleid ist über uns gekommen. Wir alle riefen oft vor Kummer: Warum sind der Tränen unterm Mond soviel und so manches Sehnen, das nicht laut werden will! Sie alle bitte ich, sich zum Gedächtnis der gefallenen Helden von Ihren Plätzen zu erheben. Leicht werde euch die Erde, die Heimat soll euch nie vergessen, sondern eurer immer in Dankbarkeit und Wehmut gedenken. Gott schütze eure Witwen und Waisen und gebe ihnen die rechte Kraft, das schwere Schicksal zu ertragen. Und wenn am Abend die Sterne herniederstrahlen, dann wollen wir im Geiste eurer gedenken, die ihr in Himmelshöhen über uns wandelt, umstrahlt vom ewigen Licht.

Und nun meine Herren Offiziere und Krieger, seien Sie nochmals in der Heimat herzlich willkommen, Sie, denen es vergönnt ist, zu ihren Lieben zurückzukehren. Helfen Sie nun, das neue Deutschland mitzubauen, ein

Reich, in dem Gerechtigkeit, Friede und Zufriedenheit herrscht, ein Reich, dessen Bürger sich nicht gegenseitig bekämpfen, sondern in dem einer des andern Last mit tragen hilft, ein Reich, in dem der Wohlstand wieder einziehen möge, ein Reich, dessen Bürger nicht mehr zu hungern brauchen, ein Reich, dessen Kinder stolz auf das Erbe ihrer Väter sein können. Obwohl Deutschland jetzt arm geworden ist, so wollen wir den Mut nicht sinken lassen, sondern alle miteinander das neue Reich bauen helfen. Das helfe Gott! Und über den Sternen soll es geschrieben stehen: Deutschland darf niemals untergehen!"

Am 14. März 1919 hatten sich im Friedelschen Gasthofe eine sehr große Anzahl Einwohner aus Böhlen und Stöhna eingefunden, um unsere heimgekehrten Krieger zu begrüßen. Die Feier war vom hiesigen Militärverein und dem Chronisten veranstaltet worden. Es wirkten mit die Röthaer Stadtkapelle und die Kinder der 1. Klasse unserer Schule. Die Feier nahm einen sehr schönen Verlauf und dürfte noch lange in der Erinnerung unserer Krieger bleiben. Am Schluss fand ein gemütlicher Tanz statt, der bis nachts 1 Uhr dauerte. Zur Deckung der Unkosten hatte der Festausschuss eine Lotterie veranstaltet und verkaufte 600 Lose, das Stück zu 50 Pfennige. Die Lose fanden schnellen Absatz und es hätten ruhig 200 Lose mehr verkauft werden können. Der Vorsitzende unseres Schulvorstandes schenkte jedem Kinde der 1. Klasse ein Los. Auf die 54 Lose der Kinder fielen Gewinne, die einen Wert von wenigstens 50 Mark hatten. Die Freude der Kinder war groß. Die Gewinne der Lotterie bestanden in lebenden Kaninchen, 1 Henne, 6 schönen Bäumchen, die Herr Baumschulenbesitzer und Schulvorstandsvorsitzender Ernst Pflanz geschenkt hatte, und vielen anderen Dingen.

Die Festordnung war Folgende:
1. Musik – Stadtkapelle Rötha
2. Gesang – Abend wird es wieder
3. Deklamationen der Schulkinder Helbing, Nagler und Ebersbach
4. Musik – Stadtkapelle Rötha
5. Gesang – In der Heimat ist es schön
6. Begrüßungsansprache des Herrn Fabrikbesitzers Groß, Vorsitzender des Militärvereins
7. Deklamationen von Frl. Tschacher und dem Schulmädchen Eckert
8. Gesang – Das Vaterhaus
9. Festrede des Kirchschullehrers Fritzsche
10. Gesang – Warum sind der Tränen
11. Musik – Stadtkapelle Rötha
12. Gesang einiger Kinder.

O. Fritzsche

Die gefallenen Soldaten
von Böhlen
im Zweiten Weltkrieg (1939-1945)

Ob freiwillig oder mit Zwang
das Leben für viele noch nicht richtig begann.
Im Sinne der Zeit an eine Ideologie geglaubt
oder für diese missbraucht.

Beim Abschied als Held gefeiert.
Zum Schutz der Heimat gekämpft,
doch die Grausamkeit des Krieges hat viele Emotionen gedämpft.

Aus der Erden Hölle gab es für zahlreiche keine Wiederkehr,
nur ein Zeugnis und Orden als kurzfristige Ehr.
Schneller vergessen als gedacht,
weil eine andere Ideologie die Opfer zu Tätern hat gemacht.

Kriege auf Kosten von Mensch und Natur
können keine Lösung für Konflikte sein.
Niemand hat das Recht der Welt zu bringen diese Pein!

Das Gebot: „Du sollst nicht töten",
steht in der Bibel geschrieben.
Zurück sind nur Trauer und Schmerz geblieben.

Katrin Röder

Paul Zimmer

(1913 - 1940)

Paul Zimmer
gefallen am
10.5.40.

Am 3. April 1913 wurde er in Lunzenau geboren als der Sohn des Fahrstuhlführers Richard Zimmer. Dort besuchte er auch die Volks- und Berufsschule. 1927 wurde er als Fabrikarbeiter bei der Firma Wilhelm Vogel in Lunzenau eingestellt, wo er bis 1928 verblieb. Hierauf widmete er sich der Landwirtschaft, um dann in das SA-Hilfswerklager zu Falkenstein im Vogtland zu gehen. Im Jahre 1936 stellte ihn die Brabag in Böhlen als Chemiearbeiter ein.

Zu den Fahnen gerufen wurde Zimmer am 30. August 1939. Am 20. Mai 1940 wurde er tot aus der Maas gezogen, nachdem er seit dem 10. Mai 1940 als vermisst gemeldet worden war.

Zimmers Tod traf den verwitweten Vater schwer, weil sein Sohn mit ganzer Seele an seiner Arbeitsstätte, der Brabag, hing. Immer war er besorgt, dass er rechtzeitig geweckt wurde, damit er die Arbeit nicht versäumte.

Der Vater wohnt noch in Lunzenau in einer kleinen Wohnung, ihm gegenüber wohnt seine Schwester im gleichen Hause, die ihm die Wirtschaft besorgt und teilweise gelähmt und verwachsen ist. Nachdem der Vater 1918 aus dem Felde zurückkehrte, starb seine Frau an Brustkrebs an den Folgen eines Stoßes vor die Brust.

Der Verlust seines Sohnes hat nicht nur ihn, sondern vor allem auch seine Schwester hart getroffen, da Paul Zimmer beide mit unterstützte. Der Vater sprach sich sehr anerkennend über die Fürsorge seitens der Brabag aus. Die Tante schilderte ihren Neffen als einen arbeitsamen, sparsamen und soliden Menschen, dessen Interesse nur der Brabag galt.

Die Brabag schreibt über Zimmer: „Wir werden auch unserem gefallenen Kamerad Paul Zimmer, der uns ein liebes, getreues und fleißiges Gefolgschaftmitglied war, stets ein ehrendes Gedenken hier im Werk bewahren."

Böhlen, am 6. Januar 1942   O. Fritzsche

Laas, den 11. Juli 1940

Sehr geehrter Herr Zimmer!

Vor einigen Tagen erhielt ich Ihr Schreiben, das noch an meinen Vorgänger, Herrn Leutnant Rudloff, gerichtet war.
Leutnant Rudloff fiel am 26. Mai in Belgien. Seit diesem Tage führe ich die Schwadron.
Ihr Sohn wurde seit dem Maasübergang am 10. Mai 1940 vermisst. Nach einer Mitteilung des Baubtl. 2, Feldpostnummer 28 675 wurde er am 20. Mai 1940 als Leiche aus der Maas geborgen. Als Todesursache wurde ein Kopfschuss festgestellt. Ungefähr 1600 m nördlich der Kruchtstraße Maasbracht-Roermond in einem Wiesengelände etwa 100 m westlich von einem in Nordrichtung gehenden Feldweg, wurde er beigesetzt.
Die Eigentumssachen Ihres Sohnes sind bereits an Ihre Adresse abgegangen. In weiteren Fragen bitte ich Sie, sich an den Bautrupp 2 zu wenden!
Uns allen ist Ihr Sohn ein lieber und vorbildlicher Kamerad und Freund gewesen. Umso schmerzlicher ist sein Tod für uns!
Wir werden ihm ein stets ehrendes Andenken bewahren!
In aufrichtigstem Mitgefühl grüße ich Sie.

Heil Hitler!

gez. L a c h n e r,
Lt. u. Schwadr.-Führer.

August Otto Georg Komoll

(1917 - 1940)

Nicht in Deutschland, sondern in Afrika wurde unser Komoll am 6. Juli 1917 in Windhuk geboren, wo sein Vater von 1904 bis 1913 Lokomotivführer war. 1910 ging seine Mutter nach Kapstadt und heiratete 1911 den Vater. 1919 kehrten die Eltern mit ihrem Sohn zurück nach Deutschland. Ihrer Ehe entsprossen drei Kinder.

Ostern 1931 wurde Komoll aus der Volksschule Böhlen entlassen, die er von 1924 an besucht hatte. Zuvor besuchte er die zu Roßbach bei Weißenfels. Nach beendeter Schulzeit ging er zu dem Bäckereimeister Max Weck in Leipzig, Sidonienstr. 5 in die Lehre und arbeitete dort fleißig. Sein Meister sagt von ihm: „Er war ehrlich, fleißig und machte seine Arbeit gut. Die Entlassung erfolgte nur wegen Arbeitsmangel." Während der Lehrzeit besuchte er die Berufsschule für Bäcker in Leipzig.

Auch unser Komoll focht für Deutschlands Größe. - „In einem Gefecht bei La Hutte -bei Stonne- am 23. Mai 1940 fiel Ihr Sohn August in soldatischer Pflichterfüllung getreu seinem Fahneneide für das Vaterland. Möge die Gewissheit, dass Ihr Sohn sein Leben für die Größe und den Bestand von Volk, Führer und Reich hingegeben hat, Ihnen ein Trost in dem schweren Leid sein, das Sie betroffen hat" - so schrieb sein Kompanieführer, Leutnant Mut, an die bedauernswerten Eltern.

Komolls Vater, Georg Komoll, ist Maschinenschlosser bei der ASW. Als Komoll im Kampfe fiel, wohnten seine Eltern in Zeschwitz. Der Lebenslauf Komolls muss aber in die Böhlener Chronik aufgenommen werden, weil Zeschwitz in wenigen Jahren von der Erde verschwinden muss.

Böhlen, am 8. November 1941.   O. Fritzsche

Max Gerhard Müller

(1917 - 1940)

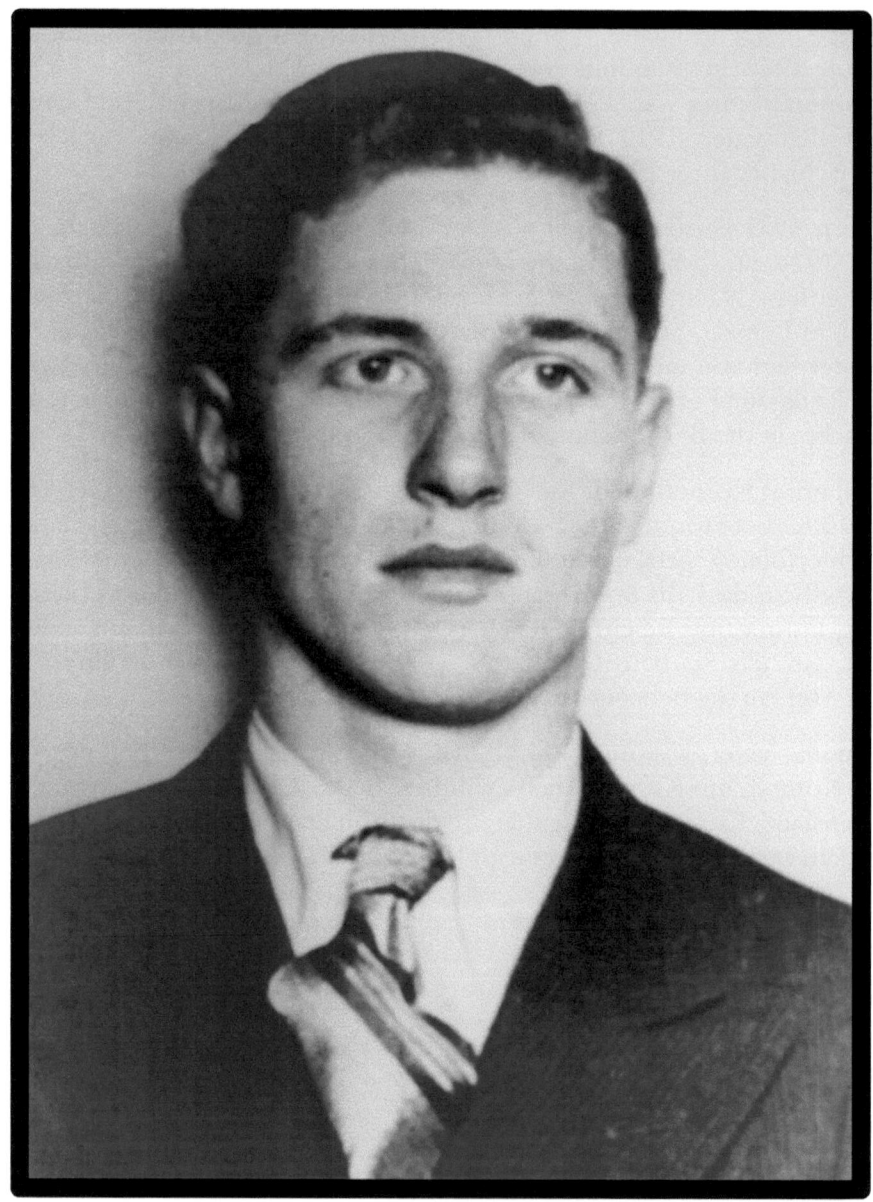

Am 25. September 1917 wurde er in Leipzig-Möckern geboren. Sein Vater ist der Friedhofsmeister und Gemeindearbeiter Ernst Max Müller, der kürzlich nach der Jahnbaude verzog, in der unser neues Kinderheim errichtet wurde. Müller besuchte acht Jahre die hiesige Volksschule. Leider bekam er infolge der damaligen Arbeitslosigkeit keinen Lehrmeister und arbeitete zunächst ein Jahr in der hiesigen Baumschule Beyer. Endlich trat er hier in die Lehre bei dem Klempnermeister Max Rylke, der ihn in die Fachschule nach Leipzig schickte, nachdem er ein Jahr lang zuvor die Berufsschule in Markkleeberg besucht hatte. Nach beendeter Lehrzeit absolvierte er sein Jahr Arbeitsdienst in Külso, um dann als Geselle zu Herrn Rylke zurückzukehren.

Nur ½ Jahr dauerte seine Beschäftigung, weil er nun beim Militär eintreten musste. Müller machte zunächst den Polenfeldzug mit. Nach diesem erkrankte er an Mandel- und Lungenentzündung und lag vier Wochen lang in einem Lazarett. Darauf zog er mit nach dem feindlichen Westen. Am 27. Mai 1940 fiel er als Gefreiter „im Kampf um den Mont Dieu in soldatischer Pflichterfüllung, getreu seinem Fahneneide für das Vaterland", wie sein Kompanieführer schreibt. Derselbe schildert Müller weiter in folgenden Worten: „Wir haben in Ihrem Sohn einen frischen frohen Kameraden verloren, der bei Vorgesetzten wie Kameraden gleich beliebt war."

Ein Granatsplitter, der Müller am Kopfe traf, führte seinen frühen Tod herbei. Am Südrand des Waldes nördlich der Höhe 277, 1 ½ km nordwärts Tannay liegt er begraben. Müller war ein gutmütiger, gefälliger Mensch, der bei jedermann beliebt war. Auch sein Lehrherr schilderte ihn mir als einen fleißigen Menschen, den er jederzeit auch außerhalb der Arbeitszeit rufen konnte, wenn dringliche Dinge vorlagen. Die Heimatgemeinde Böhlen mag ihn darum nie vergessen, sondern seiner in Ehren gedenken.

Böhlen, am 30. Juni 1940.   O. Fritzsche

Werner Selbmann

(1920 - 1940)

Er ist ein weiteres Opfer Böhlens des von den Engländern freventlich entfachten Krieges, Sohn des Elektro-Aufsehers Paul Selbmann und seiner Ehefrau Ida, geb. Helbig.

Geboren wurde er am 25. November 1920 in Großdeuben. Von Ostern 1927 bis 1935 besuchte er die Volksschule Böhlen. Selbmann widmete sich dem Maschinenschlosser-Handwerk in der Maschinenfabrik und Metall-gießerei der Fa. Bringer in Leipzig. Am 10. Februar 1939 lernte er aus und legte seine Gesellenprüfung ab. Während dieser Zeit besuchte er die Berufsschule in Markkleeberg. Selbmann blieb seiner Firma treu.

Da er sich freiwillig zur Kriegsmarine gemeldet hatte, musste er am 1. April 1939 zum Arbeitsdienst Abt. 2/298 eintreffen, wo er bis Ende September 1939 war. Am 1. Oktober 1939 wurde er von der fünften Schiffsstamm-Abteilung-Eckernförde eingezogen. Hierauf besuchte er in Kiel die Marineschule, um dann an Bord des Schiffes „Pionier" (mit dem er am 2. September 1940 unterging) zu gehen. Selbmann hat dem Jungvolk, der Hitlerjugend und der SA angehört.

Seine Eltern sind fleißige, solide und brave Leute, die sehr zu bedauern sind. Außer ihnen trauert ein jüngerer Bruder um den braven Seemann. Auf dem Ehrenfriedhof Frederikshavn wurde unser Selbmann am 6. September 1940 mit militärischen Ehren beigesetzt. Die Kriegsmarine beurteilt Selbmann mit folgenden Worten: „Ihr Sohn starb den Heldentod als tapferer deutscher Mann in treuester Pflichterfüllung für Führer, Volk und Vaterland. Die Kriegsmarine hat mit ihm einen tüchtigen Soldaten und geachteten Kameraden verloren, auf den wir stolz sind und dessen Andenken in hohen Ehren gehalten werden wird."

Mag die Gemeinde Böhlen auch diesen tapferen Kämpfer nie vergessen, sondern seiner immer in Ehren und in Dankbarkeit gedenken.

Böhlen, am 23. Oktober 1940.   O. Fritzsche

Ernst Felix Pahner

(1892 - 1940)

Am 11. Juli 1892 wurde er als Sohn des Hausbesitzers und Friseurs Emil Pahner in Stollberg im Erzgebirge geboren. Er besuchte die Volksschule in Mülsen St. Jakob bei Zwickau 4 Jahre lang und darauf die Realschulen in Zwickau und Apolda in Thüringen. Nach seiner Schulentlassung erlernte er das Maurerhandwerk und besuchte im Winter die Bauschule in Bad Sulza. 1912 wurde er als Ersatz-Rekrut zum Militär eingezogen. 1914 rückte er mit dem Inf. Regt. 94 ins Feld. Im Oktober 1914 wurde er Vizefeldwebel und Zugführer. Nachdem er am 19. November 1914 verwundet worden war, kam er nach seiner Wiederherstellung im Januar 1915 zum Ersatz-Bataillon seines Regiments, um am 10.3.1915 wieder zu seinem Regiment ins Feld zu gehen. Am 15. Juli wurde er schon wieder verwundet, und schon am 18. Oktober war er wieder im Felde. Pahner ist noch einmal verwundet und dann im September 1916 an der Somme verschüttet worden. Nach seiner Ausheilung kam er wieder zum Ersatz-Bataillon und wurde zum Feldwebel ernannt. Pahner wurde mit dem Eisernen Kreuz I und II und der Weimarer Verdienstmedaille ausgezeichnet. Nach der Revolution diente er weiter bei der Reichswehr. Vom 1. August 1919 bis 31. Dezember 1920 war er Wachtmeister bei der städtischen Polizei in Eisenach. Die schlimme Zeit der Arbeitslosigkeit in Deutschland musste Pahner mit durchmachen. Er suchte sich aber stets Arbeit und scheute sich vor keiner. Am 18. März 1922 heiratete er. Seiner Ehe entspross ein Zwillingspärchen, 2 Mädchen, von denen das eine bald verstarb.

Am 12. Oktober 1925 trat er in Arbeit bei der ASW, wo er bis zu seinem Tode verblieb. Am 27. Oktober 1940 warfen die Engländer über den hiesigen Werken mehrere Bomben. Eine explodierte in der Nähe Pahners, der sich mit seinem Arbeitskameraden auf einer Lokomotive befand. Die Explosion war so stark, dass ihm tatsächlich der Kopf vom Leibe gerissen wurde. Sein Kamerad liegt noch heute im Krankenhaus zu Zwenkau.

Pahner war ein fleißiger Mensch, den jeder gern haben musste. Sein Eheleben war vorbildlich, weshalb seine Witwe und seine Tochter tief zu bedauern sind. Als Soldat der Arbeit starb er in treuer Pflichterfüllung für sein Vaterland. Ehre seinem Andenken.

Böhlen, am 17. Februar 1941.   O. Fritzsche

Fritz Hans Scheps

(1918 - 1941)

Auch er ist ein Böhlener Kind. Am 23. September 1918 wurde er geboren und am 27. Oktober in der Kirche zu Böhlen getauft. Von Ostern 1925 bis Ostern 1935 besuchte er die hiesige Volksschule. Von da an arbeitete er in der hiesigen Baumschule von Alfred Beyer als Arbeitsbursche und besuchte in dieser Zeit die Berufsschule in Markkleeberg. Am 5. Februar 1934 trat er in die Lehre in der Baumschule Rosenthal in Rötha. Bei Beginn dieser Lehrzeit wurde er der Berufsschule für Gärtner in Leipzig überwiesen, aus der er nach erfüllter Berufsschulpflicht Ostern 1936 entlassen wurde. Im Februar 1937 beendete er nach bestandener Prüfung seine Lehrzeit.

Am 1. November 1938 trat er in den Reichsarbeitsdienst ein, aus dem er am 1.9.1939 entlassen wurde. In der Zwischenzeit war er bei verschiedenen Firmen beschäftigt. Da der Krieg schon in vollem Gange war, wurde unser Scheps am 28. Februar 1940 zu den Fahnen gerufen. In Breslau erhielt er seine Ausbildung als Maschinengewehr-Schütze und war dann in Stendal stationiert.

Am 21. Mai 1941 fiel unser Scheps als Fallschirmjäger auf der Insel Kreta und wurde mit seinen gefallenen Kameraden am Fuße des Blücherhügels bei Heraklion in fremder Erde bestattet.

Böhlen, am 15. Oktober 1941.   O. Fritzsche

H ü b n e r,   O.U., den 25.6.1941.
Leutnant u.Kp.-Fhr.

                        Sehr geehrte Frau Scheps!

Durch die schweren Kämpfe auf Kreta und die anschließenden, durch
äußerste Wichtigkeit notwendigen Arbeiten innerhalb der Truppe, ist es
mir leider jetzt erst möglich, Ihnen gegenüber mir eine äußerst traurige
Pflicht zu erfüllen.
Ihr Sohn ist am 21. Mai 1941 am Hügel östlich des Ortes Gournes, etwa
10 km ostwärts des Flugplatzes Heraklion, im Kampf für Führer, Volk
und Vaterland gefallen.
Ich bitte Sie hiermit, mein, sowie das Beileid aller Kameraden der
1. Fallschirm-Jäger Regt. 1 entgegenzunehmen.
Die Kompanie hat in Ihrem Sohn einen tapferen, stets einsatzfreudigen
Soldaten verloren.
Wir haben Ihren Sohn in militärisch schlichter, jedoch würdiger Form am
Fuße des Blücherhügels bestattet. Von dem Grabe Ihres Sohnes haben wir
Aufnahmen gemacht, die Ihnen nach Entwicklung zugeschickt werden.
Die Truppe wird Ihrem Sohn ein ehrendes Andenken bewahren.
Ich spreche Ihnen nochmals mein tiefstes Mitgefühl aus und grüße Sie mit

                            H e i l H i t l e r !
                            gez. H ü b n e r
                                Leutnant.

Karl Gerhard Steinmüller

(1920 - 1941)

Steinmüller, ein Vogtländer, der am 30. Januar 1920 in Taltitz bei Oelsnitz geboren wurde. Er besuchte die Volks- und die Berufsschule in Oelsnitz. Sein Plan war, Bäcker zu werden, er war aber zu einem Bäcker gegangen, der keine Lehrlinge anlernen durfte, verließ darum seine Lehrstelle wieder und ging in eine Fabrik auf Arbeit. Seiner Arbeitsdienstpflicht genügte er in Lauske.

Am 1. November 1938 trat er freiwillig bei der II. Admiral der Ostsee ein und wurde in Eckernförde ausgebildet. Auf der „Schleswig-Holstein" machte er den Polenfeldzug mit, und auf der „Bismarck" starb der tapfere deutsche Krieger im Kampfe gegen den großen englischen Schlachtkreuzer „Hood" am 27. Mai 1941.

Der Kapitän zur See und Chef des Stabes des II. Admirals der Ostsee schrieb an die Eltern Steinmüllers Folgendes: „Mit seinem Flottenchef Lütjens und seinen Kameraden starb Ihr Sohn als tapferer deutscher Mann in treuester Pflichterfüllung für Führer, Volk und Vaterland!"

Steinmüller muss zunächst in die Vermisstenliste aufgenommen werden und kann erst nach Ablauf der gesetzlichen Frist als gefallen gelten. Der Vater Steinmüllers ist der Spülrinnenwärter Otto Karl Steinmüller, der bei der ASW beschäftigt ist, die Mutter heißt Helene, geb. Albert.

Böhlen, am 19. Oktober 1941.   O. Fritzsche

Kurt Wilhelm Max Schneider

(1919 - 1941)

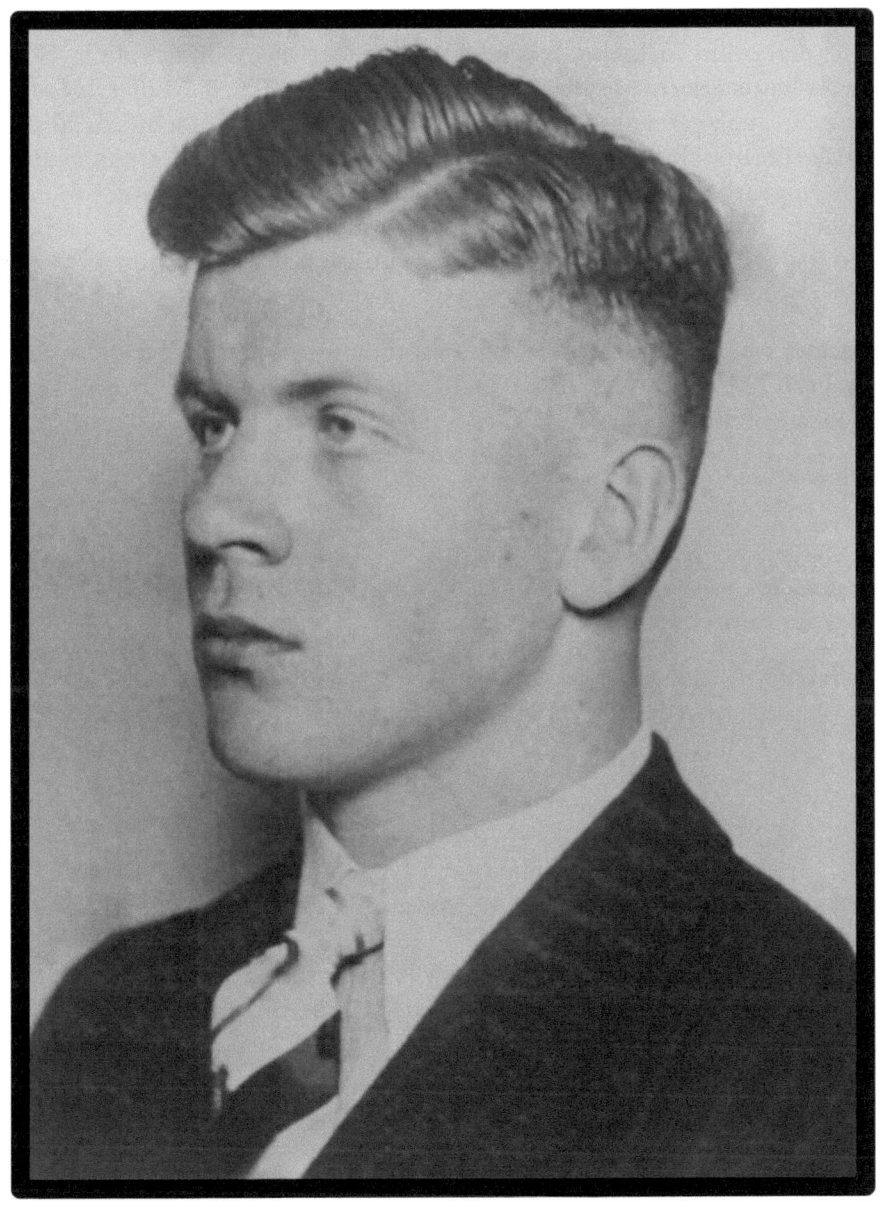

Schneider ist ein Stöhnaer Kind. Am 25. Oktober 1919 wurde er geboren. Sein Vater ist der Gastwirt Max Kurt Schneider in Prödel, der früher in Stöhna und darauf in Böhlen wohnte, wo er die Gastwirtschaft in der Jahnbaude inne hatte. Seine Mutter hieß Anna Klara Schneider, geb. Zschille, die am 16. April 1926 verstarb. Seine zweite Mutter Gertrud, geb. Oertel erzog ihn in Liebe. Nachdem Schneider die Volksschule in Böhlen besucht hatte, erlernte er bei dem Fleischermeister Erwin Müller in Leipzig-Leutzsch, Schlageterstraße, den Fleischerberuf und besuchte 3 Jahre die Fleischerberufsschule in Leipzig. Nachdem unser Schneider bei mehreren Meistern gearbeitet hatte, ging er auf den Leipziger Schlachthof, um darauf bei dem Fleischermeister Walter Schmidt in Böhlen zu arbeiten. Im Juni 1941 wurde er ins Feld gerufen, und schon am 29. Juni 1941 fiel er bei Pierszaje in Russland.

Schneider war ein in seinem Berufe sehr tüchtiger und fleißiger Mensch, den jeder gern haben musste. Seine bedauernswerten Eltern verlieren mit ihm ihr einziges Kind.

Böhlen, am 18. Oktober 1941.   O. Fritzsche

Dienststelle   Im Felde den 29. Juni 1941.
Feldpostnummer 35207.

    Herrn
        Gastwirt Kurt Schneider u. Frau
            in Prödel – Markkleeberg
            Kreis Leipzig
            Coburger Str. 1.

    Im Gefecht bei Pierszaje in der Gegend Minsk fiel Ihr Sohn in soldatischer Pflichterfüllung, getreu seinem Fahneneide, für das Vaterland.
    Ich spreche Ihnen, zugleich im Namen seiner Kameraden, meine wärmste Anteilnahme aus. Die Kompanie wird stets ein ehrendes Andenken bewahren.
    Möge die Gewissheit, dass Ihr Sohn sein Leben für die Größe und den Bestand von Volk, Führer und Reich hingegeben hat, Ihnen ein Trost in dem schweren Leid sein, das Sie betroffen hat.
    Ich grüße Sie in aufrichtigem Mitgefühl.
                  gez. B a a r
                  Abt. u. Komp.- Chef.

Sehr geehrte Familie Schneider!

Zu dem sehr schmerzlichen Verlust, den Sie durch den Heldentod Ihres Sohnes erlitten haben, darf ich Ihnen als sein Divisionspfarrer mein tief empfundenes Beileid aussprechen. Als unser guter Kamerad Max Schneider durch den sofort tödlichen Herzschuss getroffen wurde, befand ich mich schon einige Tage lang bei seiner Abteilung und hatte dort auch Feldgottesdienst gehalten. Ihr Sohn war der erste Gefallene seiner Aufkl. Abt. Wir haben ihn am Sonntag, den 29. Juni im Beisein seines Kompaniechefs, der ihn besonders schätzte und in dessen Nähe er fiel, auf dem Kirchhof in Pierszaje, ca. 20 km südostwärts Wolozyn in schlichter soldatischer Feier beerdigt. Mit der Besinnung auf die Worte der Heiligen Schrift Offenbarung Joh. 210 haben wir von ihm Abschied genommen u. seiner lieben Angehörigen in der Heimat gedacht mit der Fürbitte, dass auch Ihrer leidvollen Gedanken getröstet werden möchten durch den gläubigen Blick auf den Herrn Jesus Christus, der uns zu der Herrlichkeit seines ewigen Reiches erlöst hat.

Möge Gott, der Herr, es Ihnen zum Trost gedeihen lassen, dass Ihr Sohn einen raschen Soldatentod ohne Schmerzen u. Leiden mitten aus treuester Pflichterfüllung heraus erlitten hat, wie solcher Heldentod für Vaterland seit altersher in unserem Volke verherrlicht wird: „Kein schöner Tod ist in der Welt …"

Mit dem Trostwort unseres Heilandes Joh.137 befehle ich Sie der stärkenden Gnade unseres Herrn und grüße Sie in stiller Fürbitte.

Ihr ergebener

P a g e l
Wehrmachtspfarrer

Friedrich Feix

(1920 - 1941)

Er war Gehilfe bei dem hiesigen Kaffeehausbesitzer Willy Kirbach. Feix wurde am 14. Juli 1920 in Neudorf bei Gablonz geboren, wo er auch die Volksschule besuchte. Nach Beendigung der Schulzeit trat er bei dem Bäckermeister Rudolf Scheffel in Gablonz in die Lehre. Nach seiner Lehrzeit arbeitete er noch als Geselle bei seinem Lehrmeister und bei Skoda in Gablonz. Seiner Arbeitsdienstpflicht genügte er in Husum über Winnert in Holstein. Am 10. April 1939 trat er als Geselle bei Herrn Kirbach in Böhlen ein und blieb bei ihm bis zum 2. Oktober 1940. Am 3. Oktober schon wurde er nach Landsberg an der Warthe zum Inf. Bat. 457 eingezogen. Ins Feld ging er am 22. Juni 1941 gegen Russland. Wenige Tage später, am 30. Juni, fiel er in einem Waldgefecht bei Lubien-Wielki, südwestlich von Lemberg.

Der Vater unseres Feix ist der Landwirt Bruno Feix, die Mutter heißt Frieda Feix. Friedrich Feix war nach dem Zeugnis des Herrn Kirbach ein fleißiger und williger Mensch, der sehr kameradschaftlich und seinem Arbeitgeber gefällig war, wo er nur konnte. Sein Charakter war einwandfrei, er war ein begeisterter Anhänger unseres Führers, sein Arbeitgeber Kirbach bedauert darum sehr den Tod eines braven Mitarbeiters. Feix hinterlässt außer seinen Eltern zwei unverheiratete Schwestern.

Böhlen, am 26. Dezember 1942.   O. Fritzsche

Im Felde, den 5.7.1941.

Sehr geehrter Herr Feix !

Ich habe die traurige Pflicht, Ihnen mitteilen zu müssen, dass Ihr lieber Sohn am 30.6.1941 in dem Waldgefecht von Lubien/Wielki sein Leben getreu dem Fahneneid für Führer, Volk und Vaterland hingab. Mögen Ihnen in dem überaus schweren Leid, das Sie und die Ihren betroffen hat, die Gewissheit, dass auch die Kompanie mit dem Verlust Ihres Sohnes ein schweres Leid trifft, ein kleiner Trost sein.

Ihr lieber Sohn war den Angehörigen der Kompanie stets ein guter hilfsbereiter Kamerad und wird in uns fortleben.

Dem innigen Beileid der Kompanie schließe ich mich an.

In herzlichster Teilnahme
Müller,
Leutnant und Komp.-Führer.

Ihr Sohn liegt mit Kameraden seiner Kompanie 1200 m nordostwärts Lubien-Wielki zur ewigen Ruhe bestattet.

Konrad Eber

(1910 - 1941)

Am 12. Dezember 1910 wurde er in Oberrodach geboren und besuchte dort die Volks- und später die Berufsschule. Seine Lehrzeit absolvierte er bei dem Baumeister Georg Gerner in Kronach. Am 20. September 1936 führte er seine Braut Margarete Meta, geb. Gampert, als seine Gemahlin heim und wurde in Seibelsdorf getraut. Sein Vater ist der Maurer Heinrich Eber. Die Mutter heißt Elisabeth Eber. Die Eltern leben beide noch. Später siedelte Eber nach Böhlen über und arbeitete bei der ASW. Zuletzt war er als Brückenführer beschäftigt. Am 7. Januar 1940 wurde Eber zu den Fahnen gerufen und machte den Feldzug gegen Frankreich mit. Schon am 1. August 1941 fiel unser Eber im Osten. Seine junge Witwe und sein 3-jähriges Töchterchen trauern um den treuen Gatten und Vater.

Böhlen, am 2. Oktober 1941. O. Fritzsche

Hptm. R i c h t e r Im Osten, den 4.8.41.
   05845 D

    Sehr geehrte Frau Eber!

    Als Komp.-Chef Ihres Mannes muss ich Ihnen die traurige Mitteilung machen, dass Ihr Mann am 1.8.41 gegen 15 Uhr beim Sturm auf Kriwonossy in soldatischer Pflichterfüllung, getreu seinem Fahneneide für Führer u. Vaterland gefallen ist.

    Ich spreche Ihnen, zugleich im Namen seiner Kameraden, meine wärmste Anteilnahme aus. Die Kompanie wird ihn stets ein ehrendes Andenken bewahren. Wir haben Ihren Mann, gemeinsam mit 4 weiteren Kameraden der Kompanie, am Ostrand von Kriwonossy zur letzten Ruhe gebettet.

    Möge die Gewissheit, dass Ihr Mann sein Leben für die Größe u. den Bestand des deutschen Volkes und Reiches hingegeben hat, Ihnen ein Trost in dem schweren Leid sein, das Sie betroffen hat.

    Ich grüße Sie in aufrichtigem Mitgefühl!

Ihr
gez. R i c h t e r
Hptm.

NB. In allen Fürsorge- u. Versorgungsfragen wird Ihnen das zuständige Wehrmachtsfürsorge- u. Versorgungsamt, dessen Standort bei jeder militärischen Dienststelle zu erfahren ist, bereitwilligst Auskunft erteilen.

D.O.

Hans Gottwald

(1915 - 1941)

Am 23. August 1915 wurde er als jüngstes Kind von 11 Geschwistern in Böhlen geboren, von denen 8 am Leben sind. Von Ostern 1922 bis Ostern 1930 besuchte er die hiesige Volksschule und darauf 3 Jahre lang die 4. Knabenberufsschule in Leipzig. Bei dem Malermeister Arno Polster in Dahlitzsch bei Mölbis erlernte er das Malerhandwerk. Nachdem er bei verschiedenen Meistern tätig gewesen war, ging er zur ASW und arbeitete dort im Lager.

Zu Kriegsbeginn war er beim Militär, nachdem er zuvor ein Jahr beim Arbeitsdienst in Löwenberg gewesen war. Am 23. August 1941, also an seinem Geburtstage, fiel er bei Kljutschewoje in Russland.

Sein Vater ist der Kistenbauer Emil Arno Gottwald in Berlin, der am Ende des Weltkrieges 1918 seine Frau und seine Kinder verließ und in wilder Ehe mit einer Berlinerin lebte. Das Verhältnis blieb nicht ohne Folgen, und Gottwald versuchte mit der Berlinerin eine neue Ehe einzugehen, seine Gattin gab ihn aber nicht frei, so dass aus der Heirat nichts werden konnte. Sie musste nun ihre zahlreiche Kinderschar allein erziehen, was sie in rührender Weise tat. Der Chronist übernahm die Vormundschaft für die unmündigen Kinder und hat nie Beschwerden über die Kinder zu führen gehabt.

Hans Gottwald hat also eine trübe Jugend erlebt und ist darum umso mehr zu bedauern.

Böhlen, am 28. September 1941.   O. Fritzsche

Lothar Werner Manfred Kirkamm

(1920 - 1941)

Am 5. Oktober 1920 wurde er in Steudnitz bei Dornburg an der Saale geboren. Er besuchte die Volksschulen von Hirschroda an der Saale und die zu Medewitzsch. Darauf war er Berufsschüler in Lobstädt, Rötha, Bad Lausick und Geithain.

Ein Handwerk erlernte er nicht, sondern arbeitete als Landwirtschaftsgehilfe und Bauarbeiter. 1939 genügte er der Arbeitsdienstpflicht. 1940 ging er freiwillig zum Militär. Er wollte gern zum Militär und war ungehalten darüber, dass er wiederholt reklamiert wurde. In Arbeit war er zuletzt bei der Firma Sebastian in Groitzsch, die bei der Brabag tätig war.

Seinen Tod hat Kirkamm geahnt, denn er äußerte wiederholt, dass er oder sein Bruder aus dem Kriege nicht zurückkehren würde. Am 3. Sept. 1941 verschied er in dem Feldlazarett zu Toropez, in das er mit einem schweren Bauchschuss eingeliefert worden war. Ohne das Bewusstsein nach seiner Verwundung wieder erlangt zu haben, verschied er.

Sein Bruder hatte das erfahren und sich sofort nach dem Lazarett begeben. Er sah ihn nicht mehr, sondern fand nur den Grabhügel, der mit einem Holzkreuz und mit Blumen geschmückt war. Sein Vater ist der Maschinist Hermann Otto Kirkamm und seine Mutter Minna Emma Kirkamm, geb. Zinssmann.

Der Gefallene war das dritte Kind dieser Ehe, der vier Kinder entsprossen waren. Kirkamm war ein durch seinen gutmütigen Charakter bekannter junger Mann, der begeistert für sein Vaterland in das Feld ging.

Böhlen, am 24. Oktober 1941.   O. Fritzsche

Paul Richard Otto

(1906 - 1941)

Aus dem benachbarten Rötha stammt unser Otto, wo er am 18. März 1906 geboren wurde.

Sein Vater Richard Otto besitzt dort ein großes Malergeschäft, das viele Berufskameraden beschäftigt und vorzüglichen Ruf genießt. Zunächst besuchte Otto die Röthaer Volksschule und darauf von Ostern 1916 bis Ostern 1922 die Teichmannsche Privatschule in Leipzig. Seine Lehrzeit verbrachte er im elterlichen Geschäft. Am 1. April 1923 trat er beim Reiterregiment 12 in die Reichswehr ein. Im Frühjahr 1925 brach er sich bei einem Winterfelddienste durch Sturz das Schlüsselbein und wurde am 30. September 1925 aus der Reichswehr entlassen.

Am 1. April 1927 legte er die Gesellenprüfung ab und besuchte darauf 2 Semester die Malerschule in Karlsruhe. Drei Jahre später erwarb er das Grundstück Röthaer Str. 8 in Böhlen. Am 1. April 1930 legte er vor der Malerinnung in Borna die Meisterprüfung ab und wurde 2 Monate später Teilhaber der Firma in Rötha. Ein Jahr darauf führte er Fräulein Anna Henriette Elisabeth Glück als seine Gattin heim. Die Eheschließung fand am 21. März 1931 statt. Der Ehe entsprossen 2 Kinder, ein Knabe und ein Mädchen. Ein Jahr vor Beginn des Krieges verlor er durch Tod seinen Schwiegervater Oskar Max Glück.

Am 26. August 1939 wurde Otto eingezogen und ging am 1. Sept. 1939 ins Feld. Nach 2 Jahren starb unser Otto am 6. September 1941 als Unteroffizier in einem Gefecht bei Ssamnylowa durch einen Granatsplitter den Heldentod. Über seine militärische Tüchtigkeit geben die beiden Anlagen näheren Aufschluss. So tüchtig er als Soldat war, so eifrig war er auch politisch. Am 1. Mai 1939 erhielt das Geschäft das Gaudiplom als nationalsozialistischer Musterbetrieb.

Otto war ein in der ganzen Gemeinde äußerst beliebter Mensch und wird darum von jedermann aufrichtig bedauert. Seine sehr bedauernswerte Gattin verliert einen Ehemann, der vorbildlich war und von den beiden Kindern ist der Vater geschieden, der sie über alles liebte.

Böhlen, am 14. Oktober 1941.   O. Fritzsche

Im Felde, am 8. Sept. 1941.

Sehr geehrte Frau Otto!

Mir erwächst die Pflicht, Ihnen im Auftrage meines Herrn Schwadron-Chefs, des Rittmeisters von Alt-Nutterheim, der infolge Krankheit zu seinem Bedauern verhindert ist, Ihnen zu schreiben, die tieftraurige Mitteilung machen zu müssen, dass Ihr lieber Mann, der Unteroffizier Paul Otto, in einem Gefecht bei Ssamnylowa am 6. September gefallen ist.

Seien Sie, sehr geehrte Frau Otto, versichert, dass ich und die gesamte Schwadron herzliche Anteilnahme und tiefstes Mitgefühl für Ihren schweren Verlust haben. Die Schwadron verliert in ihm einen ihrer tüchtigsten Unteroffiziere, hochgeschätzt von seinen Vorgesetzten und beliebt bei seinen Kameraden. Stets um das Wohl seiner ihm anvertrauten Männer bemüht, immer aufrecht und fröhlich, war er uns ein besonders lieber Kamerad, und wir werden ihm, der einsatzbereit war bis zum Letzten, als einem unserer Besten stets ein ehrendes Andenken bewahren.

Ich kann Ihnen, sehr geehrte Frau Otto, wohl zu Ihrem Troste mitteilen, dass Ihr lieber Mann von einem Granatsplitter in die Brust und vermutlich ins Herz getroffen wurde, so dass er keinesfalls Schmerzen erleiden musste.

Wir haben ihn mit allen Ehren begraben und ihm eine würdige Ruhestätte bereitet. Seien Sie getrost in dem zwar traurigen, zugleich aber auch stolzen Bewusstsein, dass es ehrenvoll ist, sein Leben dem Vaterlande zu opfern, und leben Sie in dem unerschütterlichen Bewusstsein, dass auch sein Opfer nicht vergeblich sein wird.

Ich versichere Sie, sehr geehrte Frau Otto, nochmals meiner innigen Teilnahme und bin

Ihr sehr ergebener
gez. Johannes Martin, Leutnant.

Liebe Frau Otto!

Selbst von tiefem Schmerz erschüttert, habe ich die schmerzliche Aufgabe, Ihnen den Tod Ihres lieben Mannes anzuzeigen. Wenn auch der Schwadronführer Ihnen schon geschrieben haben wird, so will ich als guter Freund und Kamerad unseres allseitig beliebten Paul Otto und als Bekannter Ihrer Familie Ihnen einige Zeilen schreiben. Ich kann es nicht wagen, Ihnen liebe Frau Otto, in Ihrem tiefen Schmerz Trost zusprechen zu wollen, wo doch Worte nur hohl und leer klingen.

Die heißen Tage um Rogatschew und Gomel, von denen Ihr Mann auch eine Schilderung nach Hause geschickt hatte, waren vorbei. Wie mir gestern der Kommandeur noch einmal versicherte, ist unser Paul Otto wie die anderen Geschützführer wegen ihrer besonders tapferen, umsichtigen Leistungen an diesem 16.8. mit dem EK II ausgezeichnet worden. Das EK konnte aber bisher noch nicht ausgegeben werden, da die Division augenblicklich keine EK vorrätig hat.

Nach langen Märschen haben wir dann den Raum ostwärts Smolensk erreicht. Am 6.9. wurden wir in den heißumkämpften Abschnitt in der Nähe der Stadt Jarzewo, an der Autobahn Smolensk-Moskau, eingesetzt. Es war ein schwerer Tag dort in dem Waldstück, wo wir mit unseren Geschützen einen feindlichen Panzerangriff abwehren konnten. Es war mir nicht vergönnt, bei dem Geschütz sein zu können, als unser Paul Otto durch einen Schuss in die Brust getroffen wurde. Paul hat sich nicht lange zu quälen brauchen. Am Abend des 6.9. haben wir ihn dann stumm und still aus dem Wald getragen, der meinem Zuge noch 6 Verwundete brachte. In dem großen Ziegeleihofe von Ssamnylowa haben wir unseren guten Kameraden Paul Otto neben 10 anderen Kameraden unserer Abteilung in sein Grab gelegt. Kameraden seiner Geschützbedienung, die ihm noch einmal all ihre Liebe und Dankbarkeit zeigen wollten, haben mit aller Sorgfalt sein Grab gerichtet und geschmückt. Sie haben es auch mehrmals photographiert. Und doch lastet der Verlust noch schwer auf uns. Aber was ist unsere Trauer gegen Ihren Schmerz, liebe Frau Otto, gegen die Betrübnis Ihrer Kinder, die um ihren geliebten Vater trauern, gegen die stille Trauer der Eltern um ihren Sohn.

In stillem Mitgefühl

gez. Erwin Domke.

Gerhard Horst Döhr

(1922 - 1941)

Döhr, der einzige Sohn seiner Eltern, wurde am 5. Februar 1922 in der Siedlung „Grube Renate" bei Dobristroh, jetzt Freienhufen, geboren. Von Ostern 1928 an besuchte er 8 Jahre die hiesige Volksschule und als kaufmännischer Lehrling 3 Jahre die Bartholdsche Lehranstalt in Leipzig. Sein Lehrherr war die Fa. Schubert & Co., Leipzig, eine Buchhandlung. Nach beendeter Lehrzeit arbeitete Döhr ¼ Jahr als kaufmännischer Angestellter bei der ASW, die ihn wie folgt beurteilt:

„Der Genannte hat sämtliche ihm übertragenen Arbeiten zu unserer vollen Zufriedenheit erledigt. Er war ein ruhiger, fleißiger Mitarbeiter, der sich trotz seiner nur wenige Monate während Tätigkeit bei uns bestens bewährt hat."

Am 1. September 1940 trat er beim Heere ein und kam zur motorisierten Infanterie. 14 Tage nach Beginn des russischen Feldzuges wurde Döhr infolge eines Kopfschusses schwer verwundet. Am 9. September 1941 wurde er mit einem Flugzeug in ein Lazarett nach Warschau gebracht, wo er am 13. Sept. 1941 verschied. Am 17. August hatte Döhr noch einen höheren russischen Offizier gefangen genommen, der wichtige Papiere und Aufzeichnungen bei sich führte. Döhr hoffte, für diese Tat eine Auszeichnung zu bekommen. Diese Hoffnung zerstörte der frühe Tod unseres lieben Döhr.

Die kläglichen russischen Verhältnisse beurteilte Döhr mit folgenden Worten: „Wir haben alle die Nase voll von diesem schönen Paradiese des Arbeiters."

Sein Vater Julius Rudolf Döhr ist bei der ASW als Lokomotivführer tätig, die Mutter heißt Anna Lieschen, geb. Lange.

Böhlen, am 28. September 1941.   O. Fritzsche

Paul Gerhard Michael

(1918 - 1941)

Am Jahresschluss, am 31. Dezember 1918 wurde Michael in Borna geboren und besuchte von Ostern 1926 an die dortige Volksschule und vom 18. Februar 1930 an die zu Böhlen, aus der er 1933 entlassen wurde.

Er widmete sich dem Friseurgewerbe und trat bei Willy Katzschner in Leipzig auf der Blücherstraße in die Lehre. Während seiner Lehrzeit besuchte er die Fachklassen der 1. Knabenberufsschule in Leipzig. Er besuchte darauf 5 Wochen die Motorsportschule in Rochlitz und genügte vom 4. April 1938 an seiner Arbeitsdienstpflicht. Hierauf meldete er sich freiwillig zum Militär, dem er ½ Jahr angehörte.

Am 30. November 1938 wurde er zu den Fahnen gerufen und ging am 1. September 1939 ins Feld, um gegen die Polen zu kämpfen und später den Feldzug im Westen mitzumachen.

Michael war ein fleißiger, braver und guter Mensch. Sein Lehrmeister Katzschner schreibt, dass er feinfühlig, aufrichtig, strebsam und dass sein Fleiß und sein Betragen ohne Tadel waren.

Am 22. September 1941 schon fiel unser Michael als Unteroffizier vor dem Dorfe Orschiza etwa 40 km weit entfernt von der Stadt Tscherkassy. Über seinen Heldentod gibt sein Kompanie-Chef auf den folgenden Blättern nähere Auskunft.

Die Eltern Michaels sind tief zu bedauern, da sie ihren einzigen Sohn verlieren. Sie haben im Leben schon viel durchgemacht, weil Herr Michael in Deutschlands schwerer Zeit mehrere Jahre arbeitslos war. Er heißt Friedrich Paul Michael und ist Elektriker. Die Mutter heißt Ida Elsa, geb. Wienhold.

Böhlen, am 1. November 1941.   O. Fritzsche

L o e t z s c h   O.U. 4.10.41
Oblt. u. Kp.-Chef

Sehr verehrte Frau Michael, sehr geehrter Herr Michael!

Es ist mir eine sehr schwere Pflicht, Ihnen den Verlust Ihres tapferen Sohnes, des Unteroffiziers Gerhard Michael, mitteilen zu müssen. Er fiel am 22.9. vor dem Dorfe Orschiza, etwa 40 km nordostwärts der am Dnjepr gelegenen Stadt Tascherkassy in der großen Schlacht der Einkesselung und Vernichtung von über 50 feindlichen Divisionen südostwärts Kiew. Er erhielt Kopfschuss und war sofort tot. Er brauchte nicht zu leiden. Das Gefecht hat sich folgendermaßen zugetragen:

Am 22.9. trat unsere Division zu neuem großen Angriff auf das oben genannte Dorf Orschiza an, in dem allein 4 feindliche Divisionen eingeschlossen waren. Der Angriff ging in unserem Bataillon rasch und zügig vorwärts, und unsere Kompanie erreichte sehr bald alle gesteckten Angriffsziele. Nachdem eine Straße erreicht war, wurde der III. Zug, zu dem Ihr Sohn gehörte, als Aufklärung gegen einen vorgelagerten Sumpf geschickt. Der Zug erhielt bald Feindberührung mit versprengten zum Teil gerade mit Lastkraftwagen angefahrenen Feindteilen, die sich aber zäh zum Kampf stellten. Im raschen Kampfentschluss griff der III. Zug, die Gruppe Ihres Sohnes unter seiner Führung voran, sofort an. Und mit Erfolg. Einzelne Bolschewisten aber saßen im Gebüsch im Versteck, und während Ihr Sohn die Verfolgung des fliehenden Feindes aufnahm, traf ihn die feindliche Kugel. Ein starker feindlicher Gegenstoß setzte ein, der den III. Zug und den inzwischen zu Hilfe gekommene I. Zug zurückdrückte. Uffz. Michael hatte die Gefahr des Gegenstoßes noch rechtzeitig erkannt und deswegen besonders draufgängerisch gehandelt. Er fiel im feindlichen Feuer durch Infanteriegeschoss (Gewehr) im Augenblick höchster soldatischer Pflichterfüllung. Die Russen kamen von allen Seiten und der III. Zug u. I. Zug mussten sich in ihre alten Stellungen zurückziehen. Uffz. Michael mussten sie zunächst liegen lassen. So konnten die Russen ihn ausplündern und wir haben die Eigentumssachen, die er bei sich hatte, nicht mehr bei ihm gefunden, als er am nächsten Morgen von einem Spähtrupp von uns geholt und dann von der Kompanie an der Straße von Orschiza nach Plechowo beerdigt wurde. Die Kampfesart des Feindes, uns ganz nahe herankommen zu lassen und dann aus heimtückischem Verstecken das Feuer zu eröffnen oder hervorzubrechen, hat unsere Kompanie in den letzten Kampftagen allein 10 Gefallene gekostet. Diese hinterhältige Kampfart kennzeichnet deutlich die verzweifelte Lage der bolschewistischen Armee, wo eben alles aufs Spiel gesetzt wird. Sie bringt den Bolschewisten keinerlei Erfolge, denn die Nester werden ja doch in zähen Ringen schließlich alle vernichtet und die Gegenangriffe blutig abgewiesen. Sie kostet uns aber jedesmal schmerzliche Verluste. Und immer trifft es die besten.

Ich weiß, wie schwer Ihnen der Verlust Ihres Sohnes werden muss. Ich hatte in ihm einen tapferen, mutigen und draufgängerischen Gruppenführer, den ich für sein unerschrockenes, tapferes Verhalten am 17.9. wo er noch am Abend an einer Stelle, an der die Kompanie schwer zu kämpfen hatte, selbstständig mit Uffz. Menge zusammen mehrere feindliche Nester ausgehoben hatte, zur Sonderverleihung des E.K.II eingeben durfte. Die Kompanie verliert einen umsichtigen und fürsorglichen Gruppenführer in ihm und einen guten Kameraden.
Ich bitte Sie, der gesamten Kompanie aufrichtigste Anteilnahme entgegennehmen zu wollen. Ich darf Ihnen versichern, dass die gefallenen Kameraden der Kompanie als Helden verehrt werden, in unserer Mitte bleiben und uns nicht verlassen.

Die Gewissheit, dass Ihr tapferer Sohn sein Leben für Führer, Volk und Vaterland im Augenblick höchster und treuester Pflichterfüllung geopfert hat und seinen Fahneneid bis zuletzt hielt, darf und muss Ihnen ein Trost werden. Wir wissen, dass nicht Menschen, sondern nur Gott allein Trost geben kann. Und wir wollen ihn bitten, dass er ihn uns gibt. Ich habe das im eigenen Familienkreis reichlich erfahren dürfen.

Ich muss sehr um Entschuldigung bitten, dass ich erst heute zum Schreiben komme. Der bisherige Einsatz ließ es nicht zu.
Jetzt endlich ist unsere Division herausgezogen, und ich nehme Gelegenheit, sofort an die Angehörigen unserer gefallenen Kameraden ausführlich zu schreiben. Eine kurze, amtliche, unpersönliche Benachrichtigung lehne ich ab. Sobald Gelegenheit ist, wird Ihnen die Skizze über die Grablage Ihres lieben Sohnes und Eigentumssachen, falls sich noch welche bei der Kompanie befinden, zugesandt. Ich werde Uffz. Menge bitten, auch nochmal an Sie zu schreiben.

Die Verluste in diesem Feldzug sind besonders schmerzlich. Die feste Siegeszuversicht, die uns erst gestern wieder erneut durch die Rede des Führers zur Eröffnung des WHW gegeben wurde, und der feste Glaube an den Lenker der Geschicke, den Schöpfer und Erlöser, lassen uns die Opfer nicht umsonst und niemals getrennt von uns sein.

Mit dem Ausdruck meiner vorzüglichsten Hochachtung bin ich in aufrichtiger Anteilnahme Ihr stets ergebener

gez. Erich Loetzsch

Franz Werner Pötsch

(1919 - 1941)

Geboren am 29. September 1919 in Leipzig-Neustadt, Wissmannstr. 30 verlebte er seine ersten Kindheitsjahre in Leipzig bis zum Juni 1922. Alsdann zogen seine Eltern nach Stöhna, da der Vater auf dem Kohlenwerk zu Böhlen seine Beschäftigung hatte. Von Ostern 1926 bis 1934 besuchte er die Volksschule zu Böhlen. Er wurde 1934 entlassen und konfirmiert und ging dann verschiedenen Beschäftigungen nach. Er entwickelte sich als ein fleißiger, strebsamer, freundlicher und williger junger Mann, welcher durch sein zuvorkommendes Benehmen nur Freunde hatte.

Seine letzte Tätigkeit hatte er hier in Stöhna in der Ziegelei bis zu seiner Einberufung, welche kurz nach seiner Volljährigkeit am 3. Oktober 1940 erfolgte. Das Ziel seines Eintreffens war Landsberg an der Warthe. Nach ca. 6 Wochen ging es jedoch wieder fort von der Heimat in fremdes Land und zwar in die Nähe der Stadt Serneck am San.

Als eine der ersten zog seine Kompanie bei Kriegseintritt unseres Vaterlandes mit Russland über die Grenze dem Feind entgegen. Inhaber des Infanterie-Sturm-Abzeichens, wurde er am 5. Oktober 1941 schwer verwundet in das Feldlazarett eingeliefert. Trotz sofort vorgenommener Operation erlag er seiner schweren Verletzung (rechter Oberschenkel) am 10. Oktober 1941 früh gegen 4 Uhr.

11 Tage nach seinem 22. Geburtstage schlossen sich seine Augen für immer, ein junges blühendes Menschenherz hatte aufgehört zu schlagen.

Sein Vater!

Böhlen, am 8. Januar 1942.   O. Fritzsche

Chefarzt
Einheit 202 81   10. Okt. 1941.

     Sehr verehrter Herr Pötsch !

Ich muss Ihnen die traurige Mitteilung machen, dass Ihr Sohn Werner heute früh 4h seiner schweren Verletzung erlegen ist.
Ihr Sohn kam am 5.10. zu uns ins Lazarett mit einer Granatsplitterverletzung des rechten Oberschenkels. Trotz der vorgenommenen Operation bildete sich eine große Entzündung mit einer Embolie, an deren Folgen Ihr Sohn eingeschlafen ist.
Ich spreche Ihnen zu dem schweren Verlust mein herzlichstes Beileid aus.
Wir werden Ihren Sohn auf dem Ehrenfriedhof bei Karlowka beisetzen.
Die Nachlasssachen werden Ihnen von der Verwaltung zugesandt.

                          H e i l   H i t l e r !
                          gez. Dr. Mau
                          Oberfeldarzt.

Rolf G u t m a n n   O.U., den 13. November 1941
Oberleutnant und
Komp. Führer

Werter Herr und werte Frau Pötsch,

es ist für mich die schmerzlichste Aufgabe, Ihnen mitteilen zu müssen, dass Ihr Sohn
        der Schütze Werner Pötsch
am 10. Oktober seinen am 5. Oktober 1941 bei Krasnograd erlittenen Verwundungen erlegen ist.
Während wir ihn bereits auf dem Wege zur Genesung glaubten, erreichte uns gestern aus dem Lazarett die unfassbare Nachricht.
Mit Ihrem Sohn verliert die Kompanie einen vorbildlichen Soldaten, der sich durch sein stets freundliches Wesen, seine Kameradschaft und seine stete Einsatzbereitschaft allgemeiner Beliebtheit erfreute.
Die Kompanie wird Ihren Sohn niemals vergessen.
Nehmen Sie mein und der gesamten Kompanie Beileid. Mag es Ihnen in Ihrem Schmerze ein schwacher Trost sein, dass er sein Leben gab für Deutschland und seinen Führer gemäß seinem Fahneneide.
In tiefempfundenem Mitgefühl
                        Ihr
                  gez. R. G u t m a n n.

Walter Zaspel

(1914 - 1941)

Am 28. Juli 1914 wurde Zaspel in Riesa als erster Sohn des Reichsbankobergeldzählers Paul Zaspel und dessen Ehefrau Selma, geb. Seyffert geboren. Von seinem 6. Lebensjahre an besuchte er die Riesaer Volksschule, von 1924 an eine Leipziger Schule, weil sein Vater dahin versetzt wurde. Von 1929 an erlernte er das Bäckerhandwerk und bestand die Gesellenprüfung mit „gut". Im April 1932 trat er in die Hitlerjugend und im Januar 1933 in die SS ein. Im Jahre 1933 verlor Zaspel seinen Vater, der an den Folgen einer schweren Operation starb. Am 5. Juni 1934 wurde er vom Standartenführer Friedrich nach der SS-Sportschule Gräfenhainichen kommandiert und blieb dort als Kammergehilfe bis zum 30. Juni 1935. Kurz darauf, am 28. September 1935, starb nach langer Krankheit seine Mutter. Der Schulführer Schmidt sagt ausdrücklich, dass Zaspel durch seine Ehrlichkeit und seinen Fleiß sich ausgezeichnet hat und dass seine Führung in und außer Dienst vorbildlich war. Vom 18. Februar 1936 bis 10. April 1936 diente er bei der 3. Masch. Gew. Komp. in Döbeln. Darauf ging er am 16. Oktober 1936 zum Werkssicherheitsdienst in Magdeburg und am 18. Juli 1937 in gleicher Eigenschaft nach Böhlen. Am 11. Juli 1941 wurde er zum Militär einberufen und schon am 22. Oktober 1941 starb er im Osten den Heldentod.

Böhlen, am 6. Januar 1942.   O. Fritzsche

GA.I/Kl.   12.11.41.

      Sehr geehrter Herr Gerhard !

Ich erfülle hiermit die traurige Pflicht, Ihnen mitzuteilen, dass Ihr Freund, der Soldat Walter Z a s p e l am 22.10.41 im Kampf für die Freiheit und Größe des deutschen Volkes den Heldentod gestorben ist. Ein Schuss in den Rücken, der das Herz traf, führte zu seinem sofortigen Tode.
Möge die Gewissheit, dass Ihr Freund ohne zu leiden gestorben ist, Ihnen ein Trost in Ihrem schmerzlichen Leid sein.
Mit Ihnen trauert die Kompanie um einen ihrer Besten. Sein Tod ist uns eine heilige Verpflichtung, den Kampf um die Zukunft des Deutschen Reiches bis zum siegreichen Ende zu führen.
Ich grüße Sie zugleich im Namen aller Kompanieangehörigen in aufrichtigem Mitgefühl.

         gez. Göhrmann
         Leutnant u. Komp.-Führer

Karl Heinrich Günter Schulze

(1921 - 1941)

Karl Heinrich Günter Schulze kam am 24. Dezember 1921 zu Sauo bei Senftenberg in der Niederlausitz als Sohn des Rohrmeisters Paul Schulze und der Ehefrau Clara, geb. Krinke zur Welt.

Seine Kindheit verlebte er ab Februar 1922 in Böhlen. Am 16.4.28 wurde er in die Volksschule Böhlen aufgenommen. Sein Austritt erfolgte am 20.3.1936 aus der Klasse 1a mit dem Prädikat „gut".

Ab März 1933 bis August 1940 gehörte er der Böhlener HJ an und von dieser Zeit ab der 48. SS-Standarte.

In der Zeit vom 30. März 1936 bis Ostern 1938 besuchte er die höhere Gewerbeschule der Stadt Leipzig.

Vom 30. März 1937 bis 30. September 1940 erlernte er bei der Fa. J. Brinzer, Maschinenfabrik, das Maschinenschlosser-Handwerk.

Vom Oktober 1940 bis 31. Januar 1941 arbeitete er als Geselle bei obiger Firma und wurde ab Februar 1941 zum Wehrdienst einberufen.

Seine Ausbildung als Schütze erhielt er beim Inf. Btl. 131 in Engerau (Niederdonau) und eine weitere Ausbildung als Inf. Pionier erfolgte bis zum Juli 1941 in Kremsier im Protektorat Böhmen und Mähren. Von hier aus führte sein Weg ins Feld, und zwar per Bahn nach Dubno in der Ukraine.

Kämpfend wurden dann von ihm die Orte Shitomir, Tscherkassy, Krementschuk, Slowjansk und Artemiwsk durchschritten, also fast die ganze Ukraine in ihrer West-Ostrichtung in einer Länge von 1000 km. Für einen jungen Menschen von 19 Jahren eine immerhin beachtliche Leistung. Bei einem Sturmangriff auf Persanowka (Donezbecken) am 26. Nov. 1941 starb er für Führer und Reich den Heldentod.

Das von seinem Kompanieführer gegebene letzte Zeugnis lautet:

„Soldatische Haltung gut.
Beliebtheit bei Kameraden und Vorgesetzten, ehrliches offenes Wesen, tapfer vor dem Feind unter rücksichtslosem Einsatz seiner Person."

Böhlen, am 13. Mai 1942.   gez. Paul Schulze

Rudolf Herbert Ullrich

(1920 - 1941)

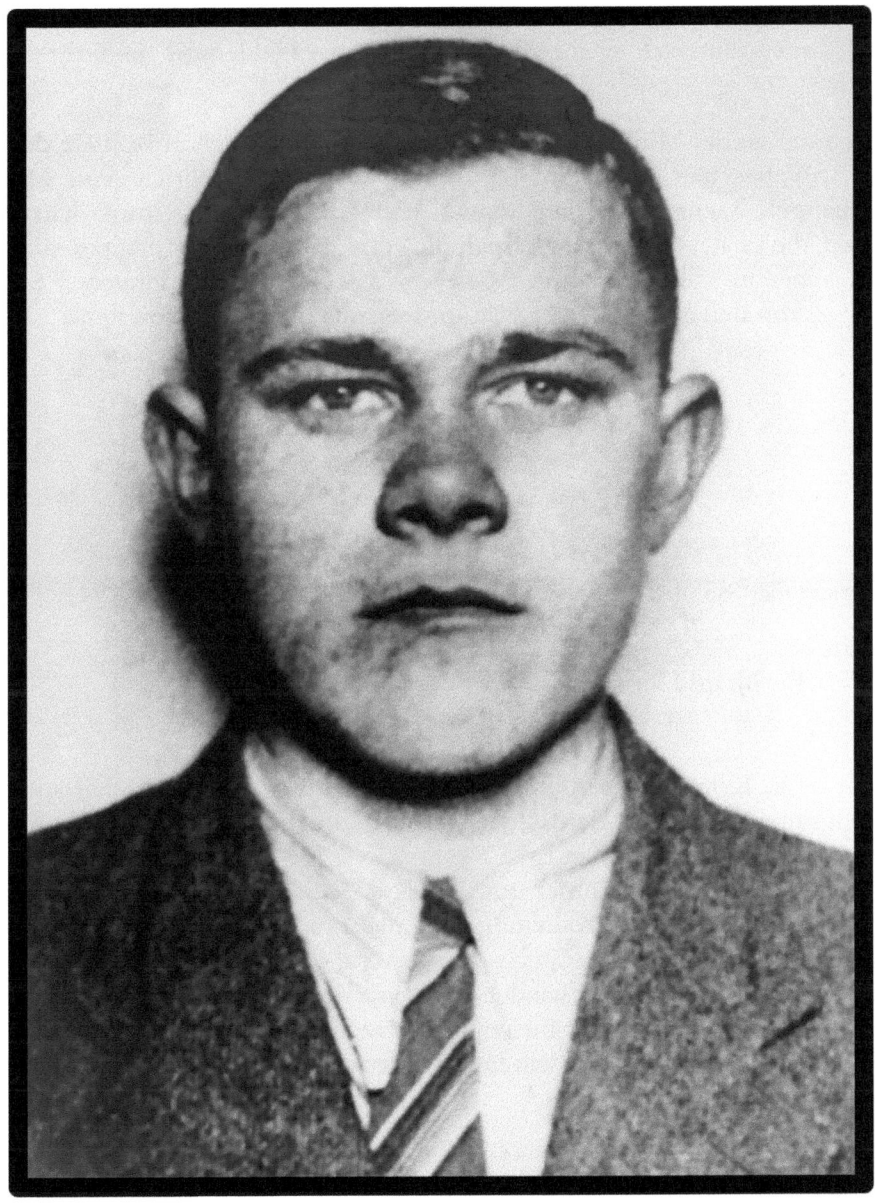

Am 4. Juni 1920 wurde Ullrich in Liebau in Schlesien geboren. Er besuchte die Volksschulen in Liebau und Böhlen und hierauf die Berufsschulen in Rötha und Zwickau. Einem Berufe widmete er sich nicht, sondern war immer in der Landwirtschaft beschäftigt. Am 15. November 1940 wurde er zur Infanterie in Komotau einberufen. Schon im Februar 1941 ging er ins Feld. Im Osten starb er am 22. Dezember den Heldentod für Führer und Reich.

Sein Vater ist der Mühlenwärter Bernhard August Ullrich in Böhlen, der bei der ASW beschäftigt ist. Am 11. August 1932 verlor Ullrich seine Mutter Ottilia, geb. Lienert. Ein Jahr darauf heiratete der Vater Emma Christina Schaal, die unserem Herbert Ullrich die verstorbene Mutter ersetzte und die sich seiner in Liebe annahm. Aus des Vaters erster Ehe gingen 3 Söhne hervor, von denen er Jüngster war, und aus der zweiten 2 Töchter.

Böhlen, am 31. Januar 1942.   O. Fritzsche

Dienststelle 08354 C.   O.U., den 28.12.1941.

Herrn
    Bernhard Ullrich,
<u>Böhlen b. Leipzig</u>
Schäferstr. 8.

    Die Kompanie erfüllt hierdurch die traurige Kameradschaftspflicht Ihnen mitzuteilen, dass der Soldat Herbert Ullrich bei den Kämpfen im Osten am 22.12.41 gefallen ist.

    Da die Einheit immer noch im Kampfe steht, bedauert sie, Ihnen z. Zt. keine weiteren Einzelheiten, auch nicht hinsichtlich des Grabes, machen zu können.

    Sobald die Einheit wieder etwas zur Ruhe kommt, wird das Versäumte nachgeholt. Wir bitten Sie überzeugt zu sein, dass wir dem gefallenen Kameraden stets ein ehrenvolles und kameradschaftliches Gedenken bewahren werden.

gez. Unterschrift.
Hauptfeldwebel.

Curt Erich Bierende

(1914 - 1942)

Im Nachbarort Zeschwitz, der nun dem Bagger verfällt, wurde er am 27. Juni 1914 geboren. Sein Vater war der Zimmermann August Curt Bierende. Schon am 24. Oktober 1914 starb er bei Becelaere in Frankreich den Heldentod.

Die Mutter Bierendes starb am 22. März 1923 im Krankenhaus Zwenkau an Leberleiden, so dass der Knabe von reichlich 8 Jahren Vollwaise wurde. Nach dem Tode der Mutter nahmen der Badeheizer bei der ASW Karl Arthur Lindner und seine Gattin Helene Alma, geb. Kässner den Knaben in liebevolle Pflege, ersetzten ihm die Eltern und Herr Lindner war gleichzeitig Vormund für das Kind.

Acht Jahre besuchte Bierende die Volksschule in Zeschwitz und erlernte darauf bei Klempnermeister Karl Colditz in Zwenkau das Klempner-handwerk, gleichzeitig besuchte er die Berufsschule für Klempner in Leipzig. Nach beendeter Lehrzeit war er bei dem Klempnermeister Fischer in Zwenkau und dann bei der ASW bei einer Firma beschäftigt. Er arbeitete noch bei verschiedenen Firmen, bis er 1934 zum Militär einberufen wurde. Er diente in Eilenburg. Darauf ging er zur Allgemeinen Transportanlagen Gesellschaft in Großzschocher. Am 27. August 1939 wurde er erneut zu den Fahnen gerufen. Er kämpfte im Westen und anschließend im Osten. Am 13. Juli 1941 wurde er bei Brjansk in Russland verwundet, kam ins Lazarett in Mülhausen im Elsass. Im September kam er zurück zu seinem Ersatztruppenteil, bekam 10 Tage Urlaub und ging 3 Tage später wieder ins Feld. Schon am 1. Dezember 1941 wurde er abermals verwundet und zwar schwer durch Granatsplitter in der rechten Schulter. Zu der schweren Verwundung kam Diphtherie dazu, so dass er am 18. Januar 1942 als Obergefreiter im Kriegslazarett Smolensk verschied, wo er auf dem Heldenfriedhof am 22. Januar 1942 beigesetzt wurde.

Seine mehr wie treuen Pflegeeltern hatten, als sie im Herbst 1941 nach Böhlen zogen, extra eine etwas größere Wohnung genommen, damit ihr nun leider gefallener Pflegesohn ein recht schönes Zimmer hatte, wenn er aus dem Kriege zurückkam. Ja, sie waren so liebevoll zu ihm, dass sie die Kriegsrente die Jahre für ihn hindurch sparten, damit er sich später einmal ein Häuschen kaufen konnte. Auch diese schöne Hoffnung der treuen und lieben Pflegeeltern ist nun zunichte geworden. Sie sind aufs tiefste zu bedauern. Es liegt also hier der Fall vor, dass Vater und Sohn ihr Leben für ihr Vaterland einsetzten und beide dafür den Heldentod erlitten.

Böhlen, am 8. März 1942.   O. Fritzsche

Dienststelle
Fpn. 26097
Br.T. 108/42   d. 18.1.42.

    Sehr geehrter Herr Lindner!
Wahrscheinlich werden Sie schon erfahren haben, dass Ihr Pflegesohn
Erich Bierende am 1.12.41 schwer verwundet wurde. Leider ist zu der
Verwundung noch eine Diphtherie aufgetreten, trotz aller ärztlichen
Maßnahmen verschlechterte sich der Zustand allmählich und führte in
den frühen Morgenstunden des heutigen Tages zum Tode.
Ich spreche Ihnen zu diesem schmerzlichen Verlust mein tiefstes
Beileid aus.
Ihr Pflegesohn wird auf dem Heldenfriedhof dieser Stadt beigesetzt
werden.

                      gez. Dr. Rendel
                      U.A. u. Stab-Arzt.

                        Im Osten, 10.2.42

    Sehr geehrte Familie Lindner!

Zu dem schweren Verluste Ihres Pflegesohnes Erich Bierende spreche
ich Ihnen meine herzlichste Teilnahme aus. Wie Ihnen bereits das
Schwesterlazarett unserer Abteilung mitgeteilt hat, ist Erich am
18. Januar von Gott dem Herrn aus der Zeit in die Ewigkeit abgerufen
worden.
Am 22. Januar wurde er auf dem Heldenfriedhof in Smolensk unter
militärischen Ehren kirchlich beerdigt. An seinem Grabe verkündigte
Gottes Wort den Trost unseres Christenglaubens:
„Der Tod ist verschlungen in den Sieg!"
Der Herr Jesus Christus, der dem Tode die Macht genommen hat,
durch seine Auferstehung, der ist auf die Welt gekommen, um die
Mühseligen und Beladenen zu sich zu rufen, damit er sie erquicke.
Er möchte auch Ihnen durch sein Wort und Sakrament Trost geben.
Er helfe Ihnen, Ihr Leid zu tragen.
    In teilnehmender Verbundenheit bin ich
                Ihr
                Kriegspfarrer Gebhardt
                Kriegslazarett
                Dienststelle 07600

Walter Stengler

(1913 - 1942)

Im nahen Zwenkau wurde er am 27. Juni 1913 geboren. Hier besuchte er auch die Volksschule.

Nach beendeter Schulzeit trat er bei der Firma Zinser & Co in Leipzig in die Lehre, um Elektroinstallateur zu werden. Während der Lehrzeit besuchte er eine Berufsschule in Leipzig. Nach beendeter Lehrzeit fand er Beschäftigung bei der ASW in Böhlen.

Im Jahre 1938 wurde er 9 Wochen in Weißenfels beim Militär ausgebildet. Am 26. August 1939 ging er ins Feld und kämpfte mit in Frankreich, Belgien und Holland, um danach mit nach dem Osten zu gehen.

Am 8. Februar 1942 fiel er bei Noshkino an der Ostfront.

Außer seiner Gattin Hildegard, geb. Baum trauern 2 Kinder um ihn, ein Knabe im Alter von 6 Jahren und eine Tochter von 7 Jahren.

Stenglers Vater, Karl Stengler, ist auch bei der ASW tätig. Seine Mutter heißt Frieda Stengler, geb. Kürschner.

Böhlen, am 23. März 1944.   O. Fritzsche

Dienststelle
Feldpostnummer 30 382 E   Kp.Gef.St., 20.6.1942

An Frau
Hildegard S t e n g l e r

S t ö h n a bei Gaschwitz
Adolf-Hitler-Ring 32

Auf Ihr Schreiben vom 27.5.1942 teilt die Kompanie Ihnen Folgendes mit:

Die Kompanie war in der Zeit vom 2. – 15.2.1942 ungefähr 18 km westnordwestlich von Rschew an einer Stelle zur Abwehr eingesetzt, die von den Russen des Öfteren heftig angegriffen wurde. Ihr Gatte befand sich als Gewehrführer bei einen der M.G. Züge. Am 8.2.1942 war das Gewehr Stengler in der Nähe einer Artillerie-Stellung zur Abwehr eingesetzt. An diesem Tage griffen die Russen ganz überraschend die Geschütz-Stellung an. Dabei erhielt Ihr Gatte aus nächster Nähe, während er das Feuer seines M.G. leitete, einen Brust- wahrscheinlich Herzschuss, der zum sofortigen Tode führte.
Dies alles ging so schnell, dass ein neben ihm liegender Kamerad zunächst gar nichts davon merkte. Gegen Abend wurde Ihr Gatte dann in ein Dorf ungefähr 3 km nördlich Rschew gebracht und dort durch die Kompanie zur letzten Ruhe gebettet.

Sein Grab wurde von den Kompanie-Angehörigen photographiert und es wird Ihnen ein Bild zugestellt, sobald diese hier eintreffen.
In der Hoffnung, Ihrem Wunsche entsprochen zu haben, grüßt Sie mit

Heil Hitler!

gez. Walter Eitz
Hauptfeldwebel

Gerhard Werner Eule

(1921 - 1942)

Dieser reichbegabte junge Mann wurde am 28. Juli 1921 in Tröbitz, Kreis Luckau in der Niederlausitz, geboren.

Zunächst besuchte er 4 Jahre lang die Volksschule in Naundorf bei Ruhland, dann 3 Jahre lang das Realgymnasium in Senftenberg und hierauf die Reichsschule der NSDAP in Feldafing bis zum Abitur.

Nun genügte er seiner Arbeitsdienstpflicht und wurde im Osten eingesetzt, um sich dann als Kriegsfreiwilliger zu melden. Seine Einberufung erfolgte aber nicht sofort, deshalb arbeitete er noch 4 Monate beim Kreisleiter in Leitmeritz. Am 15. April 1940 trat er bei der Infanterie in Dresden ein und ging im Herbst desselben Jahres nach Frankreich ins Feld, nahm am Balkanfeldzug teil, um dann nach dem Osten zu gehen.

Am 29. Januar 1942 wurde er bei Schebelinka durch einen Lungenschuss schwer verwundet. Am 9. Februar 1942 erlitt er dann infolge der Verwundung den Heldentod auf dem Hauptverbandsplatz Andrejewka, 120 km südostwärts Charkow.

Eule war ein strebsamer und vornehmer Charakter, der bei Vorgesetzten und Kameraden sehr beliebt war.

Sein Vater ist der Betriebsingenieur Walter Eule, der bei der ASW beschäftigt ist. Seine Mutter heißt Luise, geb. Meier, seine 17-jährige Schwester Lisa.

Eule war Mitglied der Ortsgruppe „Braunes Haus" in München. Für sein tapferes Verhalten vor dem Feinde wurde er mit dem E.K.II ausgezeichnet.

Böhlen, am 28. Juni 1942.   O. Fritzsche

Gustav Albin Zetsche

(1906 - 1942)

Albin Zetsche wurde am 25.10.1906 in Böhlen geboren. Leider musste auch er sein junges Leben für Deutschlands Größe opfern, wie aus Folgendem zu ersehen ist:

Totenfeier Zetsche

am 15.3.1942 im Saale von Friedels Gasthof im Anschluss an die Heldengedenkfeier auf dem hiesigen Friedhofe. Alle Einwohner waren geladen worden, an dieser Feier teilzunehmen, was in großer Zahl geschah. Körperschaften, Jugend, Frauenschaft und Angehörige waren vertreten. Die Ansprache hatte Herr Wenzel aus Leipzig übernommen, der unseren toten Ortsgruppenleiter ehrte. Nach ihm sprach Ortsgruppenleiter Schmidt, der Folgendes ausführte:

So sind unsere Gedanken bei Dir, lieber Albin Zetsche, unseren gefallenen Ortsgruppenleiter. Albin Zetsche, Du warst unser Führer, Freund und Kamerad. Dir gilt unser Dank und Gruß hinüber in jenes Reich, wo sich die besten Männer Deutschlands versammeln zur Standarte Horst Wessels!

Nachdem das Lied vom guten Kameraden verklungen war, schloss die ernste Feier mit einem Streichquartett. Mit einem solchen hatte sie auch begonnen. Bemerkt sei noch, dass die Eltern Zetsches der Tod ihres Sohnes sehr trifft. Verloren sie doch schon vor Jahren einen Sohn in Jünglingsalter. Außer den Eltern, Schwiegereltern und Geschwistern trauert die Gattin mit ihren beiden Töchterchen um den Gefallenen.

Zetsche war ein kluger Mensch, der bei jedermann beliebt war. Immer war er freundlich und entgegenkommend, für jeden Kameraden hatte er ein freundliches Wort. Sein scharfer Blick durchschaute jeden, mit dem er sprach. Die Partei verliert mit ihm einen ihrer besten alten Kämpfer.

Böhlen, am 20. März 1942.   O. Fritzsche

Russland, den 14. Februar 1942.

Sehr verehrte Frau Zetsche!

Es ist für mich eine traurige Pflicht, Ihnen mitteilen zu müssen, dass in den Abwehrkämpfen am 13. Februar 1942 bei Borodino südlich Staraja Russa, Ihr Gatte, der Feldwebel Albin Zetsche, getreu seinem Fahneneide für Führer und Volk in soldatischer Pflichterfüllung sein Leben hingegeben hat. Ich spreche Ihnen persönlich, zugleich im Namen der Kompanie, meine wärmste Anteilnahme aus. Die Kompanie wird ihm stets ein ehrendes Andenken bewahren.

Möge Ihnen die Gewissheit, dass ihr Gatte sein Leben für die Größe und den Bestand von Volk und Reich hingegeben hat ein Trost sein in dem schweren Leid, das Sie betroffen hat.

Wenn Sie, verehrte Frau Zetsche, noch irgend welche Anfragen oder Wünsche haben sollten, so wenden Sie sich bitte an mich. Sobald es die Zeit erlaubt, wird Ihnen die Kompanie den Nachlass Ihres Gatten zuschicken.

Mit aufrichtigem Mitgefühl verbleibe ich

Ihr ergebener
gez. Robert S o w i k
Hauptfeldwebel.

Dr. med. Viktor Paradzik

(1890 - 1942)

Als im Jahre 1925 durch Gesetz die Anstellung von Schulärzten geregelt worden war, wählte der hiesige Schulausschuss Herrn Dr. med. Viktor Paradzik aus Rötha zum Schularzt von Böhlen.

Dr. Paradzik wurde am 27. Mai 1890 in Ziegenhals, Kreis Neisse, geboren. Dort besuchte er die Volksschule, um danach das Realgymnasium in Neisse zu absolvieren und hierauf die Universität in Greifswald.

Im November 1919 ließ er sich in Rötha als Arzt nieder. Ein Jahr darauf heiratete er Fräulein Margarethe Magdalene Elisabeth Kunze, mit der er 22 Jahre in glücklicher Ehe lebte.

Durch seine Zuvorkommenheit, sein angenehmes Wesen und sein großes Wissen erwarb er sich sehr bald einen großen Kreis in seiner ärztlichen Tätigkeit. Im Jahre 1927 baute er sein Haus, das ganz nach seinen Entwürfen errichtet wurde, äußerst praktisch eingerichtet ist und überall den klugen Denker zeigt. Es lag ihm immer daran, seiner Gattin ein schönes Heim zu schaffen auch für die Zeit, in der er vielleicht nicht mehr leben würde.

Den Weltkrieg machte er als Militärarzt im 2. Garde-Regiment zu Fuß mit. Er nahm teil an den Schlachten bei Ypern, an der Somme usw. In Lille war er Leiter eines Luftwaffen-Lazarettes. Auch kämpfte er in Galizien und Russland mit. Hierfür wurde er ausgezeichnet mit dem E.K.I und erhielt das Verwundetenabzeichen in Silber. Teilgenommen hat er ferner an den Kämpfen des Freikorps „Grenzschutz Ost". Seit dem 26. August 1939 war er Führer einer motorisierten Sanitätsbereitschaft. Vom Juni 1940 an kam er zum Einsatz im Operationsgebiet Belgien-Nordfrankreich, wurde dann zurückberufen nach Berlin, um den Regimentsarzt zu vertreten.

Ab Oktober 1941 kam er als Kranker in das Lazarett Jüterbog, wo er am 1. März 1942 an fieberhafter Angina verstarb. In Neisse liegt er neben der Mutter seiner Gattin begraben.

Seine Tätigkeit als Schularzt von Böhlen legte er am 30. September 1936 nieder. Böhlen hatte selbst einen Arzt bekommen, der als Schularzt eingesetzt wurde. Die Tätigkeit dieses neuen Herrn dauerte aber nur kurze Zeit. Das Lehrerkollegium und ich als Schulleiter arbeiteten mit Dr. Paradzik Hand in Hand.

Nie hat es eine Differenz gegeben. Zu jeder Stunde kam er, wenn er gerufen wurde. Mit den Mitgliedern des Lehrerkollegiums verlebte er gern einige frohe Stunden. Und wenn Dr. Paradzik nun auf immer von uns gegangen ist, so wird er doch nie vergessen werden.

Ich persönlich verliere in ihm meinen besten Freund, dessen aufrichtiges Wesen, sein vornehmer Charakter und sein kameradschaftlicher Geist mich zu ihm hinzogen.

Gegen jedermann war er zuvorkommend, hasste aber Scheinheiligkeit, Falschheit, Neid und Hinterlist.

Wenn ich dir, mein lieber Doktor, ein Wort in die Ewigkeit nachrufen soll, so kann das nur lauten:

Du wandelst zwar nun über den Sternen, aber dein Vorbild bleibt immer mitten unter uns. Ich werde dich nie vergessen, sondern deiner Gattin beistehen, soweit es in meinen Kräften steht. Du warst ein Mensch, von dem jeder viel lernen konnte, du warst Arzt, Offizier, vorbildlicher Gatte und mein bester Freund. Leicht werde dir die Erde.

Böhlen, am 1. Mai 1942.   O. Fritzsche

Stephan Joseph Pikorz

(1918 - 1942)

In Welzor, Kreis Spremberg, wurde er am 12. Januar 1918 geboren.

Da seine Eltern nach Böhlen zogen, besuchte er die hiesige Volksschule von 1924 bis 1932 und darauf drei Jahre die Verbandsberufsschule in Markkleeberg. Nach beendetem Volksschulbesuch trat er Ostern 1932 als Maschinenschlosser bei der Firma Hugo Peege, Maschinenfabrik in Leipzig Ost, in die Lehre. 1936 war seine Lehrzeit beendet. Der Besitzer dieser Firma ist Herr Max Thomas, Sohn des hiesigen Gärtners Otto Thomas.

Vom 1. April 1939 bis 15. November 1939 genügte er seiner Arbeitsdienstpflicht.

Von Januar 1940 bis Mai 1940 diente unser Pikorz als Soldat in Leisnig und kam dann nach Frankreich. Am 7. November 1940 erhielt er Arbeitsurlaub, der bis 27. Januar 1941 dauerte. Darauf wurde er wieder zu den Fahnen gerufen und kämpfte mit gegen Serbien. Vom 1. Juli 1941 an war er am Feldzug im Osten beteiligt, wo er am 8. März 1942 den Heldentod erlitt.

Der Vater von Pikorz ist der Obermonteur Joseph Pikorz, der bei der ASW beschäftigt ist. Seine Gattin heißt Marianne Pikorz, geb. Krause. Die Eltern haben nun noch ihre Tochter Wanda, die in Böhlen an einen Herrn Stephan verheiratet ist.

Böhlen, am 1. Mai 1942.   O. Fritzsche

14.3.1942.

Herrn
   Joseph Pikorz
         B ö h l e n, Barbaraweg 31.

Sehr geehrter Herr Pikorz!
   In Vertretung des Kp.-Führers habe ich die schmerzliche Pflicht,
Sie davon in Kenntnis zu setzen, dass Ihr Sohn, der Gefreite Stephan
Pikorz im Abwehrkampf gegen einen Einbruchsversuch der
Bolschewisten am 8.3. den Heldentod gefunden hat. In Erfüllung
seiner Pflicht für Führer und Volk traf ihn die Kugel eines
Scharfschützen, die seinen sofortigen Tod durch Kopfschuss
herbeiführte.
   Zu dem schweren Verlust, der Sie und Ihre Familie so plötzlich
betroffen hat, spreche ich Ihnen zugleich im Namen der gesamten
Kompanie unser herzlichstes und tiefempfundenes Beileid aus.
   Mit Ihrem Sohn verliert die Kompanie einen allzeit frischen und
tapferen Soldaten, der stets einsatzbereit seit dem Frühjahr 1940 dem
Regt. angehört und seit März 1941 in unserer Kp. im serbischen
Feldzug und dann in Russland wertvolle Dienste leistete, bis er nun
sein junges Leben für Führer und Volk getreu seinem Eide dahingab.
   Wir werden Ihren Sohn nach Abschluss der noch anhaltenden
Kämpfe in Stariza, einem Dorf 55 km nordostwärts Charkow mit
militärischen Ehren beisetzen.
   Sein Andenken aber und sein Vermächtnis werden in der
Kompanie für alle Zeiten fortleben.
   Ich grüße Sie in tiefem Mitgefühl.

                  Heil Hitler!

                  gez. Franke
                  Leutnant und stellvertr. Kp.-Führer.

Alfred Hermann Schmalfuß

(1918 - 1942)

Am 30. September 1918 wurde er in Rodewisch im Vogtland geboren. Hier besuchte er auch die Volksschule 4 Jahre lang. Da seine Eltern nach Böhlen übersiedelten, ging er die letzten 4 Jahre in unsere Volksschule. Nach vollendeter Schulzeit erlernte er bei dem Bäckermeister Paul Scheibe in Leipzig, Straße des 18. Oktober, das Bäckerhandwerk. Für seinen Fleiß und seine Gewissenhaftigkeit erhielt er von seinem Meister ein sehr schönes Zeugnis, ebenso von der Berufsschule für Bäcker. Nach beendeter Lehrzeit blieb er noch einige Zeit als Geselle bei seinem Lehrmeister, um dann zur ASW zu gehen und dort mehr Geld zu verdienen und ein geregeltes Leben zu haben. 1938 ging er zum Arbeitsdienst. Nach einem Jahr trat er in Weißenfels bei der Infanterie ein.

Schmalfuß machte den Blitzkrieg gegen Polen mit, kämpfte dann gegen Frankreich und auf dem Balkan. 1940 hatte er im Juli die Gelegenheit, seine Angehörigen einige Stunden auf der Durchreise nach dem Osten zu besuchen. Leider musste er ihnen hier auf immer Lebewohl sagen, denn am 13. März 1942 wurde er mit seinen Verwundungen in das Lazarett Charkow eingeliefert, wo er am 15. März schon verschied.

Schmalfuß war ein sehr netter und höflicher junger Mann, den jeder seines freundlichen Wesens wegen gern haben musste.

Der Vater unseres Schmalfuß heißt Friedrich Hermann Schmalfuß. Er ist kaufmännischer Angestellter bei der ASW. Außer dem gefallenen Sohn hat er noch drei Kinder, zwei Söhne und eine Tochter. Der eine Sohn steht seit Anfang dieses Jahres im Felde.

Böhlen, am 1. Mai 1942.   O. Fritzsche

Feldlazarett
Feldpostnummer 27 013   O.U. den 18.3.1942.

Sehr geehrter Herr Schmalfuß!

Ich habe die traurige Pflicht Ihnen mitzuteilen, dass Ihr Sohn, der
Gefreite Hermann Schmalfuß, 2./Inf. Regt. 514, am 15.3.42 12.00 Uhr
verstorben ist. Er war am 13.3.1942 mit schweren Verwundungen in
das Lazarett Charkow eingeliefert worden. Trotz sofort
vorgenommener Operation und aller erdenklichen ärztlichen
Bemühungen sein Leben zu erhalten, ist er den schweren Verletzungen
erlegen. Die letzten Stunden seines Lebens ist er ohne Bewusstsein
gewesen. Ich spreche Ihnen und allen Angehörigen zu diesem
schweren Verluste mein aufrichtigstes Beileid aus. Alle, die Ihren Sohn
als tapferen Soldaten und guten Kameraden gekannt haben, sowie
diejenigen, die ihn in seinen letzten schweren Stunden mit aller
Fürsorge betreut haben, sind von dem traurigen Ausgange tief
erschüttert.

Möge Ihnen das stolze Bewusstsein zum Troste gereichen, dass
Ihr tapferer Sohn sein Leben in heldenhaftem Kampfe um den
Bestand und die Größe unseres Vaterlandes geopfert hat.

Der Nachlass, soweit er sich bei dem Verstorbenen befand, wird
Ihnen in den nächsten Tagen zugehen.

Die Beisetzung erfolgte heute auf dem Heldenfriedhofe des
Lazaretts unter militärischen Ehren und einer Abordnung des
Regiments durch den evgl. Divisionspfarrer.

Der Chefarzt des Lazaretts
gez. Dr. Köchel
Stabsarzt.

Ernst Walter Wilke

(1920 - 1942)

Der Vater Wilkes, Otto Albin Wilke, fing sein Friseurgeschäft in Böhlen unter bescheidenen Verhältnissen an, arbeitete mit seiner Gattin Marie Johanne, geb. Hertel sehr fleißig und erwarb später das Grundstück Röthaer Str. Nr. 6, das er durch Anbauten vergrößerte.

Sein einziger Sohn, Ernst Walter, sollte in absehbarer Zeit das Geschäft übernehmen. Dieser wurde am 12. Mai 1920 in Böhlen geboren, wo er die Schule acht Jahre besuchte. Nach beendeter Schulzeit arbeitete er zunächst ½ Jahr als Lehrling bei seinem Vater und darauf 3 ½ Jahre bei dem Friseur Ewald Kroft in Bad Schmiedeberg, um darauf als Gehilfe wieder in das väterliche Geschäft einzutreten.

Am 3. Oktober 1940 wurde er zum Militär in Landsberg an der Warthe eingezogen. Hier blieb er mit seinen Kameraden nur 4 Wochen. Seine weitere Ausbildung erhielt er bei der Panzer-Jäger-Abt. in Sanok. Am 22. Juni 1941 ging er nach dem Osten. Bei Uman wurde er durch einen vorbeifahrenden Heereswagen am Arm verwundet und kam nach dem Lazarett Wettringen bei Rheine. Hierauf trat er beim Ersatztruppenteil in Schwerin an der Warthe ein. Am 25. Dezember 1941 begann die Fahrt nach Russland mit Lastwagen von Breslau aus zu seiner Truppe. Im Februar 1942 wurde er verwundet und lag 4 Tage auf dem Hauptverbandsplatz. Schon am 9. März wurde er durch einen Beckenbruchschuss abermals verwundet. Die Verwundung war schwer.

Am 20. März starb unser Wilke gegen 19 Uhr an den Folgen der schweren Verwundung. Er ließ zuvor seinen lieben Eltern durch Kameraden sein Unglück mitteilen und schrieb einen Gruß unter die Nachricht.

Am 16. März raffte er sich trotz seines bedauernswerten Zustandes noch einmal auf und schrieb nach Hause.

Wilke war ein gewissenhafter, sparsamer, bescheidener und fleißiger junger Mann, den man gern haben musste. Seine Eltern sind tief zu bedauern.

Böhlen, am 1. Juli 1942.   O. Fritzsche

Einheit der Feldpostnr.
1 1 4   2 4
Der Chefarzt.   Russland, den 21. 3. 1942.

Sehr geehrter Herr W i l k e !
Ich habe die schmerzliche Pflicht Ihnen mitzuteilen, dass Ihr Sohn, der
Gefreite Walter Wilke, geb. 12.5.20, am 10.3.42 schwer verwundet in
mein Lazarett eingeliefert wurde. Leider war die Verletzung derartiger
Natur, Beckenbruch links, dass Ihr Sohn, trotz größter Bemühungen
meiner Ärzte, ihm das Leben zu erhalten, am 20.3.42 gegen 19 Uhr
verstorben ist.
Er gab damit sein Leben für Führer und Volk, zur Rettung des
Vaterlandes hin.
Ich spreche Ihnen zu diesem Verlust mein aufrichtigstes
Beileid aus.
Wir haben Ihren Sohn auf dem Ehrenfriedhof im Garten des
neuen russischen Krankenhauses in Konstantinowka (Donezgebiet)
beerdigt. Den Nachlass wird Ihnen meine Zahlmeisterei direkt
übersenden.

Heil Hitler!

gez. Dr. Zimmermann
Oberstabsarzt u. Chefarzt.

Erich Friedrich Becker

(1910 - 1942)

Becker entstammt einer zahlreichen Familie von sieben Kindern, von denen eins im Alter von ¼ Jahr starb. Außerdem erzogen seine Eltern ein Kind von der Schwester von Frau Becker.

Unser Becker wurde am 8. November 1910 in Böhlen geboren und besuchte auch hier acht Jahre die Volksschule. Darauf trat er in die Lehre bei der Maschinen- und Schraubenfabrik in Leipzig-Stötteritz, nachdem er zuvor ein Jahr die Höhere Gewerbeschule besucht hatte. 1929 machte er seine Gesellenprüfung und blieb bis 1934 bei seinem Lehrmeister. Hierauf trat er freiwillig bei der Wehrmacht ein und ging nach einem Jahre als Gefreiter ab. Vom 12. November 1935 bis 5. August 1938 arbeitete er bei der Firma Carl Zeiss in Jena, um dann wieder zu seinem Lehrmeister zurückzukehren.

Als der Krieg begann, kämpfte er zunächst gegen die Polen und ging dann nach dem Westen. Im Mai 1940 reklamierte ihn seine Firma. Im August 1940 heiratete er Frl. Anna Frieda, geb. Jaske. Am 21. Januar 1942 wurde er wieder eingezogen und kämpfte gegen die Russen, wo er verwundet wurde.

Am 26. März 1942 verstarb unser Becker im Reservelazarett in Bromberg an Fleckfieber. Auf dem Friedhof von Böhlen liegt er begraben.

Becker war Mitglied der NSDAP, förderndes Mitglied der SS und ein sehr eifriges Mitglied des hiesigen Turnvereins „Jahn".

Bei seiner Beerdigung auf dem hiesigen Friedhofe konnte man an den Rednern beobachten, wie sehr beliebt unser Becker war. Immer war er fleißig und fröhlich, man sah ihn immer mit heiterem Gesicht.

Die Eltern und die junge Witwe mit ihrem Söhnchen werden von allen bedauert.

Böhlen, am 1. Juni 1942.   O. Fritzsche

Karl Wienicke

(1921 - 1942)

Ein junges Menschenkind, das den Heldentod erleiden musste!

Er wurde am 26. März 1921 in Merzien geboren, wo er 8 Jahre die Volksschule besuchte. Sein Vater war gelernter Fleischer, der gleichzeitig eine Gastwirtschaft hatte und auch Landwirtschaft betrieb. Die Mutter ist eine geborene Selma König. Am 16. September 1940 starb der Vater. Die Mutter betreibt mit einer Tochter die Fleischerei, das Schankgewerbe und die Landwirtschaft weiter.

Nach dem Besuch der Volksschule ging Karl Wienicke zu dem Bäcker- und Konditormeister Michel in Köthen, um sich dessen Berufe zu widmen und besuchte dort die Berufsschule. Hierauf arbeitete er als Geselle in Boltenhagen an der Ostsee. Seiner Arbeitsdienstpflicht genügte er in Rosenheim in Russland. Zu den Fahnen gerufen wurde er zu einer Maschinengewehr-Kompanie in Löbau. Bevor Wienicke ins Feld ging, arbeitete er bei dem hiesigen Konditormeister Willy Kirbach.

Schon im November 1941 wurde er bei Moskau durch einen Oberschenkel- und einen Armschuss verwundet, und lag darum einige Wochen in Radom und war dann in der Genesungskompanie in Stralsund. Wieder ins Feld gegangen, fiel er mit 4 Kameraden in Gschatsk, als sie ausgeladen wurden.

Wienicke hatte einen Bruder und 3 Schwestern, von denen eine im Alter von 30 Jahren verstarb. Eine Schwester ist hier in Böhlen verheiratet. Alle Angehörigen sind doppelt zu bedauern, weil Karl Wienicke im Alter von 21 Jahren gerade an seinem Geburtstage fiel, am 26. März 1942.

Herr Kirbach schildert Wienicke als einen gewissenhaften, überaus fleißigen und jederzeit hilfsbereiten Mitarbeiter, auf den er sich zu jeder Stunde fest verlassen konnte. Er betrachtete ihn darum nicht als seinen Gehilfen, sondern mehr als ein Mitglied seiner Familie und bedauert darum den Tod Wienickes mit seiner Familie sehr. Wienicke war anderen Gehilfen in allen Dingen ein leuchtendes Vorbild durch Fleiß, Gewissenhaftigkeit und Treue.

Böhlen, am 1. Dezember 1942.   O. Fritzsche

Werner Alfred Rohne

(1918 - 1942)

Rohne wurde am 11. Oktober 1918 in Leipzig-Stötteritz geboren, wo er auch die Volksschule zunächst von 1925 an besuchte. 1929 ging er in die Lessingschule in Reudnitz über. Als seine Mutter nach Böhlen zog, besuchte er noch von 1931 – 1933 die hiesige Volksschule. Nach vollendeter Schulzeit trat er bei der Firma August Pries, Buchdruckerei in Leipzig in die Lehre.

Die Lehrzeit dauerte von 1933 – 1937. Während dieser Zeit besuchte er die Buchdruckerlehranstalt in Leipzig. Nach beendeter Lehrzeit genügte er seiner Arbeitsdienstpflicht in Zwenkau.

Am 1. November 1937 trat er bei der Wehrmacht ein. Ein halbes Jahr lang war er beim 5. Inf. Regt. in Stettin und ging dann zur Luftwaffe nach Stargard in Pommern.

Am 1. April 1939 trat er in die Luftnachrichtenschule Halle ein. 5 Monate später kämpfte er gegen Polen, machte den Westfeldzug mit und blieb dann an der Kanalküste in Calais, wurde krank bis Anfang März 1940 und ging dann nach Russland.

Am 2. August 1941 wurde er durch Granatsplitter verwundet und kam in das Lazarett Haldensleben bei Magdeburg. Darauf ging er wieder nach Dresden, um am 15. Februar 1942 abermals ins Feld zu gehen.

Am 20. April 1942 starb er den Heldentod im Pannawalde, wo er auch begraben liegt.

Rohnes Vater war der Polizeihauptwachtmeister Alfred Richard Rohne in Leipzig. Seine Mutter heißt Johanna Margaretha, geb. Sonnenschmidt. Im Jahre 1924 ließ diese sich von ihrem Mann scheiden und heiratete 1930 den bei der ASW beschäftigten Gustav Bruno Hahn, mit dem sie eine glückliche Ehe führt und der Rohne wie sein eigenes Kind behandelte.

Böhlen, am 25. Juli 1942.   O. Fritzsche

L 32367
Lg. Po. Königsberg.   Am 21. 4. 42.

Sehr verehrte Frau Hahn!

Bei den harten Abwehrkämpfen im Pannawalde südlich des Ilmensees fiel am gestrigen Tage Ihr Sohn Werner in soldatischer Pflichterfüllung, getreu seinem Fahneneide, für das Vaterland.

Ich spreche Ihnen zugleich im Namen seiner Kameraden, meine wärmste Anteilnahme aus.

Wir alle schätzten neben den funkerischen Können Ihres Sohnes seine Einsatzfreudigkeit und seinen Frohsinn, der ihn in keiner noch so schweren Stunde verließ, und werden ihm stets ein ehrendes Andenken bewahren.

Möge die Gewissheit, dass Ihr Sohn sein Leben für die Größe und den Bestand von Volk, Führer und Reich eingesetzt hat, Ihnen ein Trost in dem schweren Leid sein, das Sie betroffen hat.

Ich grüße Sie in aufrichtigem Mitgefühl

gez. S c h m i t t
Leutnant u. Nachr.-Zugführer.

Jüterbog, 16.6.42.

Werte Frau Hahn!

Vor einiger Zeit erhielt ich vom Hr. Ltn. Schmitt Ihren Brief mit der Bitte ihn zu beantworten. Ich selbst hatte schon mal mit Hr. Ltn. Schmitt über Ihren Sohn gesprochen, bekam aber zur Antwort, das wäre schon erledigt. Nun zu Ihrem Sohn Werner. Wenn einer Ihren Sohn zu schätzen gewusst hatte, so bin ich das gewesen. Täglich waren wir zusammen, und ich bin auch menschlich mit ihm sehr nahe gekommen. Wir waren alle selbst erschüttert, als wir hörten, dass Ihr Sohn gefallen sei. Es war am 20. April, da hieß es, der Russe ist durchgebrochen. Alle verfügbaren Leute mussten daraufhin zur Front als Verstärkung. Ihr Sohn Werner meldete sich freiwillig als M. G. Schütze. Er war vielleicht 1 Stunde mit den anderen Kameraden in Stellung gegangen, als ein einzelner Schuss fiel. Ausgerechnet Ihren Sohn Werner traf er in die linke Seite. Nach Aussage eines Kameraden, der mit ihm in derselben Stellung lag, hat er nur noch au gesagt und war sofort tot. Wir nehmen alle an, dass er einen Herzschuss bekommen hat und keine großen Qualen mehr auszustehen hatte. Seine Grabstätte hat er im Panna-Wald erhalten, ungefähr 1000 mtr. von dem Dorfe „Nahothino" bei Staraja-Russa. Wir haben von dem Grab eine Aufnahme gemacht, die Ihnen ganz bestimmt in aller Kürze zugehen wird.

Ihr Sohn Werner war mein bester Funker, wenn irgend eine Arbeit zu machen war, so konnte ich ihm das anvertrauen, und wusste, dass es in Ordnung ging. Auch unter seinen Kameraden war er sehr beliebt. Er half jedem, wenn es nur eben möglich war. Es vergeht heute noch fast kein Tag, ohne dass Ihr Sohn Werner nicht genannt wird. Es ist schon bald sprichwörtlich geworden, dass der beste und liebste Mensch, den man hat oder den man kennen gelernt hat, dass der einen fort gerissen wird. Der Krieg fordert Opfer, heute der und morgen kann man vielleicht schon selbst nicht mehr unter den Lebenden weilen. Werte Frau Hahn, ich habe ein Päckchen mit Filmen an Sie geschickt. Es waren die restlichen Filme Ihres Sohnes Werner. Nun verbinde ich im Namen meiner Kameraden an Sie uns doch einige Abzüge von den Filmen zukommen zu lassen. Die Unkosten werden selbstverständlich von uns beglichen. Leider befand ich mich nur auf einer Dienstreise nach Berlin und muss am 17.6. wieder zurück zur Front. Nehmen Sie noch nachträglich meine herzliche Anteilnahme entgegen. Sollten Sie noch irgend welche Wünsche haben, oder sollten noch Fragen offen stehen, so bin ich gern bereit sie zu beantworten.

Herzliche Grüße
Ihr Krämer, Fw.

Fw. Erich Krämer
L. 32367
Lg.P. Königsberg.

123

Gerhard Rudolf Görsdorf

(1920 - 1942)

Am 2. September 1920 wurde er in Grube Marga in der Niederlausitz geboren. Seine Eltern zogen nach Böhlen, wo er 4 Jahre die hiesige Volksschule besuchte. Hierauf trat er in das Königin-Carola-Gymnasium in Leipzig ein, das er bis zum Abitur besuchte.

Görsdorf war ein befähigter Kopf und wollte Bergbau studieren auf der Bergakademie in Freiberg. Seine Arbeitsdienstpflicht leistete er in Offenbach bei Straubing ab, war 2 Monate zu Hause und wurde am 23. November 1939 zur Infanterie nach Döbeln einberufen. Im Mai 1940 ging er nach Frankreich ins Feld, machte den Balkankrieg mit. Juli 1941 ging er mit nach den Osten. Während seines Kriegsdienstes hat er ein einziges Mal 3 Wochen Urlaub gehabt. Er war Unteroffizier und Träger des Reichssportabzeichens und des Infanteriesturmabzeichens.

Am 23. Mai 1942 traf ihn bei Andrejewka die feindliche Kugel.

Von der tiefen Herzensbildung, seiner großen Vaterlandsliebe und seiner unbegrenzten Liebe zum Elternhause zeugt ein Brief, den er am Muttertag, also einige Wochen vor seinem Tode seinen Eltern schrieb.

Görsdorfs Vater ist der Obersteiger Rudolf Wilhelm Fritz Görsdorf, bei der ASW beschäftigt, seine Mutter heißt Ellen, geb. Schroeter. Die Eltern verloren im Weltkrieg schon einen Sohn von 9 Monaten an der Ruhr. Nun haben sie kein Kind mehr und sind deshalb doppelt zu bedauern.

Böhlen, am 25. Juli 1942. O. Fritzsche

Russland, 30.4.42

Liebe Mutti!

Leider kann ich an Deinem Ehrentage auch diesmal nicht bei Dir sein. So musst Du denn annehmen, dass ich in Gedanken bei Dir sein werde. Sei glücklich, dass es Dir vergönnt ist, Deinen Sohn noch heil, wenn auch weit fort zu wissen. Wie viele Mütter gaben das, woran sie soviel Liebe und Sorgfalt wendeten, dem Vaterlande. Mich hat das Schicksal davor behütet, meinem Bruder nachfolgen zu müssen. Und ich glaube bestimmt, dass er ein gutes Auge auf mich haben wird. Und wenn es das Schicksal doch anders mit mir vorhaben sollte, wo denke ich, dass ein Sohn, der tapfer für sein Vaterland kämpfend sein Leben ließ, der Mutter eine größere Ehre ist, als einer, der um sein Leben fürchtend, sich überall drückt und dann mit schlechtem Gewissen in die Heimat zurückkehrt. Gewiss wird sich die Mutter über die Rückkehr freuen, aber der Sohn ist es nicht wert, eine deutsche Mutter zu haben. Jeder möchte gern heil heimkehren, aber nicht unter Preisgabe seiner Ehre, durch Verrat seiner Kameraden. Wie immer alles kommen mag, habe für die viele aufopfernde Liebe, die Du mir bisher entgegengebracht hast, vielen, vielen Dank. Es wird mir wohl nie möglich sein, diese Liebe und Mühe zu vergelten, aber ich werde mir Mühe geben, Dir soviel wie möglich zu helfen, wenn es mal sein sollte Dir ein Sohn zu sein, auf den du stolz blicken kannst. Sei an diesem Tage nicht traurig, dass du mich draußen weißt, sondern lass es einen Ehrentag, einen Freudentag sein. Die Freude ist sowieso schon selten genug in dieser schweren Zeit. So sei denn nochmals recht herzlich bedankt und lass es Dir recht gut gehen.

Sei herzlich gegrüßt und geküsst
von Deinem Sohn Gerhard.

P.S. Falls der Brief zu spät ankommen sollte, wünsche ich Euch ein recht fröhliches Pfingsten. Zum Vatertag danke ich Dir, lieber Vater für all das Gute, das Du mir hast zuteil werden lassen. Ich glaube, es ist für Dich die größte Freude, wenn ich sage, dass sich selten zwei Menschen so gut verstehen, wie wir zwei. Du wirst verstehen, was ich damit meine. Alles Gute!

Ein herzliches „Glück Auf"
Dein Sohn Gerhard.

Leutnant Lang
Einheit 08330   28.5.42

Sehr geehrter Herr Görsdorf!

Es obliegt mir heute eine sehr traurige Aufgabe, indem ich Ihnen mitteilen muss, dass Ihr Sohn Gerhard am 23.5.42 beim Sturmangriff die Höhen westlich von Andrejewka in echter soldatischer Pflichterfüllung, getreu seinem Fahneneid durch Kopfschuss den Heldentod fürs Vaterland starb.
Ich spreche Ihnen zugleich im Namen seiner Kameraden meine wärmste Anteilnahme aus und versichere Ihnen, dass die ganze Kompanie ihm stets ein ehrendes Andenken bewahrt.
Möge die Gewissheit, dass Ihr Sohn sein Leben für die Größe und den Bestand von Volk, Führer und Reich hingegeben hat, Ihnen ein Trost sein in dem schweren Leid, das Sie betroffen.
Die Beisetzung fand auf dem Heldenfriedhof von Andrejewka mit militärischen Ehren statt.
Sobald als möglich werden Ihnen von der Kompanie Bilder der Grabstätte Ihres Sohnes zugesandt werden.

Ich grüße Sie in aufrichtigem Mitgefühl
gez.: Helmut Lang
Leutnant u. Kompanie-Fhr.

Helmut Werner Glück

(1920 - 1942)

Glück ist ein Kind unserer Nachbargemeinde Zeschwitz, die nun von der Erde verschwinden muss. Die Familie ist nach Böhlen umgesiedelt worden.

Acht Jahre besuchte Glück die Volksschule in Zeschwitz, geboren wurde er ebenda am 27. Dezember 1920. Er widmete sich nach der Schulzeit dem Kürschnerberuf und trat bei der Firma Mertens & Söhne in die Lehre. Gleichzeitig besuchte er die Berufsschule von Zwenkau und später die von Markkleeberg.

Seiner Arbeitsdienstpflicht genügte er in Natternberg in Bayern, arbeitete darauf kurze Zeit wieder als Gehilfe bei seinem Lehrmeister, um dann am 9. Januar 1940 zum Infanterie-Regiment Nr. 101 in Leisnig eingezogen zu werden. Am 15. Mai 1940 ging er ins Feindesland nach Frankreich, machte den Balkankrieg mit und trat am 11. Juli 1941 in das Ostheer ein. Nach kaum einem Jahre starb er den Heldentod am 13. Juni 1942 in einem Lazarett, in das er am 10. Juni mit einem schweren Bauchschuss eingeliefert worden war.

Glücks Vater ist der Weichensteller Albert Glück, der bei der ASW arbeitet. Seine Mutter heißt Alma Glück, geb. Köhler.

Außer seinen Eltern hinterlässt Glück einen Bruder, zwei Schwestern und einen Stiefbruder.

Böhlen, am 25. Juli 1942.   O. Fritzsche

129

Dienststelle
F.P. Nr. 03230   O.U., den 16. Juni 1942

    Herrn

       Albert G l ü c k ,
       Z e s c h w i t z, Nr. 26
       bei Leipzig

       Ich habe die traurige Pflicht Ihnen mitzuteilen, dass Ihr Sohn, der Gefreite Werner G l ü c k , der am 10.6.1942 mit einen schweren Bauchschuss in mein Lazarett eingeliefert wurde, trotz aller nur denkbar ärztlichen Bemühungen am 13.6.1942 um 9.15 Uhr gestorben ist. Ich spreche Ihnen zu diesem schweren Verlust mein aufrichtigstes Beileid aus.

       Möge die Gewissheit, dass Ihr Sohn sein Leben für die Größe und den Bestand von Volk, Führer und Reich hingegeben hat, sowie sein stiller und schmerzloser Tod Ihnen ein gewisser Trost sein in dem schweren Leid, das Sie betroffen hat.

       Letzte Wünsche hat Ihr Sohn vor seinem stillen Hinscheiden nicht mehr geäußert.

       Ihr Sohn wurde mit allen militärischen Ehren auf dem deutschen Heldenfriedhof zu Charkow beigesetzt.

       Der hier vorhandene persönliche Nachlass Ihres Sohnes wird Ihnen durch die Lazarettverwaltung, sobald dies möglich ist, zugesandt werden.

       Ich grüße Sie in aufrichtigstem Mitgefühl.

                 Der Chefarzt:
                 gez. Dr. Maether.
                 Oberstabsarzt.

Karl Hermann Horst Brandt

(1904 - 1942)

Horst Brandt wurde am 8. August 1904 in Möckern bei Leipzig als Sohn des Feldwebels Karl Brandt und seiner Ehefrau Helene, geb. Jürisch geboren. Nach Beendigung der militärischen Dienstzeit seines Vaters zog Horst Brandt mit seinen Eltern nach dem Dörfchen Hellendorf bei Gottleuba im Kreise Pirna. Hier besuchte er auch die Volksschule. Da er Lust zum Lehrerberufe hatte, taten ihn seine Eltern auf das Lehrerseminar in Pirna. Während dieser Zeit siedelten seine Eltern nach Dresden über. Nach dem Weltkrieg zogen die Eltern im Jahre 1918 nach Leipzig. Deshalb verließ Horst Brandt das Seminar Pirna und beendete seine Seminarzeit in Leipzig. Seine erste Anstellung erhielt er in Thekla bei Leipzig, worauf er an die Volksschule in Rückmarsdorf versetzt wurde. Im Jahre 1927 wurde Brandt an die Volksschule Böhlen versetzt, wo er auch zum ständigen Lehrer gewählt wurde. Hier war er bis zum Ausbruch des Krieges im Jahre 1939 tätig. Er kämpfte in Polen, Holland, Belgien und Frankreich mit. Nach einem kurzfristigen Urlaub von 2 Tagen wurde sein Truppenteil im Osten eingesetzt. Hier ist er am 24. Juni 1942 als Unteroffizier und Maschinengewehrführer bei Malputin zwischen Belgorod und Charkow gefallen.

Unser lieber Horst Brandt ahnte seinen Tod, denn kurz vor desselben verfasste er das Gedicht „Im Osten". In unserer Volksschule wurde ihm zu Ehren am 15. Juli 1942 eine Gedenkfeier abgehalten, in der die großen Verdienste Brandts in ernster und würdiger Weise vom Rektor der Schule geschildert wurden. Brandt war ein edler und vornehmer Charakter. Nichts hasste er mehr wie Streit und Falschheit. Ich habe als ehemaliger Schulleiter ihn außerordentlich geschätzt, er war ein fleißiger, pflichtgetreuer Mitarbeiter in unserer Schule. Viel hat er auch geleistet im Bau von Flugzeugmodellen. Seine Schüler hingen mit Liebe an ihrem Lehrer, der ihnen in jeder Beziehung ein Vorbild war. Und als an unserer Schule die Bienenzucht eingeführt wurde, da war kein geeigneterer Lehrer wie unser Horst Brandt, der sich an die nicht leichte Aufgabe machte.

Wie Brandt als Lehrer ein Vorbild war, so war er es auch als Familienvater. Seine Familie war ihm sein Paradies. Nun trauern die junge Frau und seine beiden Töchterchen um den nie zu ersetzenden Vater. Tief zu bedauern sind auch seine lieben Eltern, die ihr einziges Kind, ihren einzigen Sohn, verlieren. Mag die Gemeinde Böhlen diesen treuen Beamten und vorbildlichen Menschen nie vergessen. Unsere Schule verliert in ihm einen ihrer besten Lehrer.

Böhlen, am 30. Oktober 1942.   O. Fritzsche

Im Osten, den 26.6.1942.

Liebe Frau Brandt!

Ich habe die bittere Aufgabe, Ihnen mitzuteilen, dass Ihr Mann Horst am 24.6.42 bei Malputin (NO von Woltschansk – zwischen Charkow und Belgorod) gefallen ist. Er hat damit getreu seinem Fahneneid das Höchste für Führer und Vaterland hingegeben.

Sie dürfen überzeugt sein, dass ihm die Kompanie ein ehrendes Andenken bewahren wird und sein Heldentod Ansporn für die Kompanie ist.

Ich darf Ihnen auch gleichzeitig im Namen meiner Kompaniekameraden meine aufrichtigste Anteilnahme zu diesem für Sie so schweren Verlust zum Ausdruck bringen. Möge Ihnen die Gewissheit, dass sein Heldentod und Ihr Opfer mit ein wesentlicher Baustein für ein freies Deutschland ist, etwas Trost in Ihrem Schmerz geben.

In herzlicher Anteilnahme!

Rolf Hiebig,
Lt. und Komp.-Führer.

Bericht über die Gedenkfeier für den am 24. Juni 1942 bei Charkow gefallenen Berufskameraden Horst Brandt.

Tag:	15. Juli 1942
Zeit:	11.15 bis 11.45 Uhr
Teilnehmer:	Der Vater des Kameraden Brandt, der Bürgermeister, der Ortsgruppenleiter, zwei Freunde, zehn SA-Männer, drei politische Leiter mit Fahne, drei SA-Männer mit Fahne, sämtliche Lehrer, die Klassen 7a, 7b, 6a, 6b u. Mi.II
Ort:	Volksschule Böhlen Zimmer Nr. 3. Das Zimmer ist geschmückt mit der Führerbüste, der Hakenkreuzfahne und Grünschmuck vom Gärtner.
Feierfolge:	1.) Trauermarsch von Beethoven, Klavier (Wittig)
	2.) Gesang: Heilig Vaterland
	3.) Gedicht von Horst Brandt, siehe Anlage. (Pilz Mi. II)
	4.) Gedenkrede (Irmscher)
	5.) dazu stilles Gedenken mit Senken der Fahnen und dem Lied vom guten Kameraden
	6.) Gedicht von Kameraden Eckner, siehe Anlage. (Eckner)
	7.) Gelöbnis der Schüler (Nickel)
	8.) die Nationallieder, Klavier (Wittig)

Böhlen (Kr. Leipzig) den 18. Juli 1942.

Im Osten.

Gedicht von Horst Brandt.

Ich liege im Graben und breche mein Brot,
und draußen sucht seine Opfer der Tod.
Granaten, die pfeifen und heulen und schrein,
und schlagen in unserer Stellung ein.

Wir sind's schon gewöhnt, es macht uns nichts aus,
vor Tagen noch war es uns fruchtbarer Graus.
Kam'raden, die fielen, getroffen zu Tod.
Ihr Herzblut, das färbte die Blumen so rot.

Entbehrung und Leiden, das ist unser Los.
Treu ist uns die Erde. In ihrem Schoß,
birgt man die Toten, gräbt man sich ein,
möcht' ihrem Herzen recht nahe sein.

Und ist die Heimat auch noch so fern,
wir tun uns're Pflicht hier draußen gern.
Und streiten für das Großdeutsche Reich
und geben alles, das Beste für euch.

----- o -----

Meinem lieben Freunde Horst Brandt
zum treuen Gedenken.

Gedicht von Alfred Eckner.

Du riefst mich noch in deiner letzten Stunde,
eh' dich der Herrgott zum Appell befahl,
der Feind schlug dir die Todeswunde
und du als Sieger einzogst in Walhall.

Dein Bild wird in mir so lebendig:
Ich sehe deiner Augen strahlend Blau
und fühl' den Druck der starken Hände,
hör' deine warme Stimme ganz genau.

Du warst der Erde so verbunden,
die dich nun birgt in ihrem warmen Schoß.
hast ihre Schönheit immer tief empfunden,
auch als du noch im Kampf lagst schwer und groß.

Hoch immer ging dein Sinnen und dein Denken.
Mit starken Händen schufst du dir dein Glück
und konntest soviel Gutes immer schenken -
und Liebe fiel auf dich zurück.

Mit Pflicht erfüllt war so dein Leben.
Eh' man dich rief, warst du bereit.
So konntest du dein Höchstes geben
dem Führer in der hartbedrängten Zeit.

Dein Tod riss uns die tiefste Wunde,
doch schenk er uns das Leben wieder neu.
Du bist bei uns in jeder Stunde
so echt und wahr und immer treu.

Schlaf wohl, was du uns ließt als Erbe,
es soll uns immer heilig sein.
Wir wollen tapfer dafür kämpfen
und dadurch deiner würdig sein.

----- o -----

135

Willy Günter Hentschel

(1921 - 1942)

Am 10. Januar 1921 in Groitzsch als das einzige Kind seiner Eltern geboren.

Von Ostern 1927 bis Ostern 1935 besuchte er die hiesige Volksschule. Bei der Fa. Karl Weigmann in Leipzig erlernte er das Bauschlosser-Handwerk. Nach 4-jähriger Lehrzeit, während der er 3 Jahre die Berufsschule in Markkleeberg besuchte, ging er zur Fa. Siemens-Schuckert-Werke, Montage Abt. Berlin-Siemensstadt und wurde von da aus, auf verschiedene Baustellen (Förderbrücke Böhlen, E-Lok-Bau Henschel & Sohn, Kassel, Telefunken, Berlin, Großkraftwerk Espenhain, Leuna Werke, Buna-Werke Schkopau) auf Montage geschickt. Da er von der Fa. Siemens-Schuckert-Werke in Berlin reklamiert war, wurde er von der Arbeitsdienstpflicht befreit, dafür aber am 9. Februar 1942 nach Fulda zur Infanterie einberufen.

Nach acht Wochen, am Ostersonnabend, ging er nach dem Osten ins Feld. Am Sonnabend vor Pfingsten wurde er verwundet, teilte das aber seinen Eltern nicht mit, um ihnen jede Aufregung zu ersparen. Am 5. Juli 1942 erlitt er in einem Gefecht bei Grjasnys-Potuden den Heldentod. In diesem Ort liegt er auch begraben. Sein Kompanieführer schreibt ausdrücklich, dass die Kompanie mit Günter Hentschel einen ihrer treuesten und besten Kameraden verloren hat. Er war Inhaber des Verwundetenabzeichens in Schwarz.

Hentschel war ein solider, fleißiger und ordentlicher Mensch, seine Arbeitgeber waren deshalb mit ihm sehr zufrieden.

Hentschels Vater heißt Max Willy Hentschel. Er arbeitet bei der ASW als Elektriker seit 20 Jahren. Die Mutter heißt Luise Hildegard, geb. Weber.

Böhlen, am 16. September 1942.   O. Fritzsche

Oblt.Frhr.v.Göler
Kompanie-Chef   Im Felde, den 8. Juli 1942.
Feldpost-Nr.40866 D

E i n s c h r e i b e n

Herrn
Willy   H e n t s c h e l
B ö h l e n /Krs.Leipzig.

Sehr geehrter Herr Hentschel!
Ich muss Ihnen heute leider die traurige Mitteilung machen, dass Ihr Sohn,
der Schütze Günter Hentschel am 5. Juli 1942 in einem Gefecht bei der
Ortschaft Grjasys-Potuden / Russland in soldatischer Pflichterfüllung,
getreu seinem Fahneneid für das Vaterland gefallen ist.
Ich spreche Ihnen, zugleich im Namen seiner Kameraden meine wärmste
Anteilnahme aus. Die Kompanie hat damit einen ihrer treuesten und
besten Soldaten verloren, und wird ihm stets ein ehrendes Andenken
bewahren. Das Grab befindet sich in der Ortschaft Grjasnys-Potuden.
Möge die Gewissheit, dass Ihr Sohn sein Leben für die Größe und den
Bestand von Volk, Führer und Reich hingegeben hat, Ihnen ein Trost in
dem schweren Leid sein, das Sie betroffen hat.
    Ich grüße Sie in aufrichtigem Mitgefühl,

                              gez. Frhr. v. Göler
                        Oberleutnant u. Kompanie-Chef.

Rudolf Carl Richter

(1917 - 1942)

Rudolf Carl Richter wurde am 13.3.1917 als zweiter Sohn des Tischlers Ernst Gustav Richter und seiner Ehefrau Minna Ida, geb. Witzig in Rötha geboren. Er besuchte von Ostern 1923 bis Ostern 1927 die Volksschule in Rötha und anschließend das Königin-Carola-Gymnasium in Leipzig, das er Ostern 1936 mit dem Reifezeugnis verließ. Am 1.1.1929 wechselten die Eltern ihren Wohnsitz von Rötha nach Böhlen, Südstr. 8.

Ostern 1932 wurde der damalige Obertertianer Carl Richter in der Kirche zu Böhlen konfirmiert. Infolge Eingliederung des Vereins Marinejugend Vaterland (VMV) in die Hitlerjugend, dem er angehört hatte, war er bis zu seiner Schulentlassung, Ostern 1936, Mitglied der Marine-Hitlerjugend in Leipzig.

Während der Ableistung seiner Arbeitsdienstpflicht vom April bis Oktober 1936 bei der RAD-Abt. 2/290 in Tirschenreuth reifte in ihm der Entschluss, die Führerlaufbahn im RAD als künftigen Lebensberuf einzuschlagen. Er verblieb somit beim Arbeitsdienst. Nach Beförderung zum ap. Truppführer am 1.4.37 folgte ein Kommando an die Truppführerschule Isny/Allgäu. Am 5.11.37 wurde er zur Ableistung seiner zweijährigen Militärdienstzeit zur 3. (mot.) Pi. 10 nach Regensburg einberufen. Mit dieser Einheit nahm er im März 1938 am Einmarsch in Österreich und im Herbst desselben Jahres an der Befreiung des Sudetenlandes teil.

Im Dezember 1938 wurde er zum Reserve-Offiziersanwärter ernannt. Zum Ausbau von Feldbefestigungen war er mit seiner Kompanie im Frühjahr 1939 am Westwall eingesetzt.

Bei Kriegsausbruch am 26.8.39 verblieb er zunächst zur Rekruten-ausbildung beim Ersatzheer. Im Frühjahr 1940 erfolgte seine Kommandierung zum OA.-Lehrgang an der Pionierschule 2 in Dessau-Roßlau und am 1.7.40 die Beförderung zum Leutnant. Danach nahm er bis zum Beginn des Ostfeldzuges an der Besatzung in Frankreich teil. Auf dem östlichen Kriegsschauplatz kämpfte sein Batl. ab 22.6.41 im Verbande einer Res. Inf. Div. im Abschnitt der Heeresgruppe Süd. Unter anderem nahm er an der großen Kesselschlacht von Kiew teil. Am 10.8.41 erhielt er das E.K.II und am 22.9.41 das Verwundetenabzeichen in Schwarz. Nach Umstellung seiner Einheit als Gebirgstruppe im Winter 1941 kam er im Januar 1942 nach Finnland. Am 1.7.42 erfolgte seine Beförderung zum Oberleutnant. Inzwischen hatte er beim RAD am 1.1.41 den Dienstgrad eines Feldmeisters erreicht.

Am 4.8.42 ist Oberleutnant Richter an den Folgen einer schweren Verwundung, die er sich am 3.8. bei den im Wehrmachtsbericht vom 3.8. genannten schweren Kämpfen zugezogen hatte, an der Straße Kuusamo-Kiestinki verstorben. Für seine Tapferkeit wurde er mit dem E.K.I ausgezeichnet. Außerdem erhielt er für hervorragende Leistungen auf dem Schlachtfelde eine vom Führer persönlich unterschriebene besondere Anerkennungsurkunde.

Böhlen, am 4. Januar 1943.   gez. Wilhelm Richter
                                           Oberzahlmeister.

Abschrift.

Abschrift aus der Vorschlagsliste Nr. 2 zum E.K. I. Klasse für Oblt. Carl Richter, geb. 13.3.17, Rötha/Sachsen, 3.(mot) Geb.Pi.99

Am 3.8.42 war Oblt. Richter mit seinem Zug in einem Brennpunkt des Kampfes an der Südflanke zur Anlage von Sperren und Hindernissen eingesetzt. Als der Gegner plötzlich im dichten Urwald nach Außergefechtsetzen einiger Inf. M.G.-Stützpunkte durchgebrochen war und die Südflanke dadurch in Gefahr geriet, aufgerollt zu werden, schlug Oblt. Richter mit seinem Pionierzug den eingebrochenen Gegner im Gegenstoß zurück. Seinem persönlichen Vorbild folgend überrannten seine Pioniere den eingedrungenen Gegner und trugen somit wesentlich zur Klärung der Lage und zum erfolgreichen Abschluss des Kampfes bei. Oblt. Richter wurde mit dem Abschluss dieser Kampfhandlungen schwer verletzt.

E.K.II. Klasse wurde am 10.8.41 verliehen.

F.d.R. der Abschrift   gez. Beierlein
    gez. Krell   Major u. Batl.Kdr.
Oblt. u. Btl.Adj.

Joseph Gruca

(1919 - 1942)

Im Jahre 1919 wurde er am 3. März in Rheda in Westfalen geboren.

Wenige Wochen nach seiner Geburt starb seine Mutter. Der Vater zog fort. Mit 6 Jahren besuchte er teils eine polnische, teils eine deutsche Schule.

Eine frohe Zeit verlebte er bis zu seinem 15. Lebensjahr bei seiner Tante in Jaciska. Er lernte das Dreherhandwerk, half aber von seinem 18. bis 20. Lebensjahr in der Landwirtschaft in Kemlitz bei Bad Lausick.

Am 5. März 1941 kam er zur Wehrmacht und ging nach 8-wöchentlicher Ausbildung mit nach Frankreich. Später kämpfte er in Russland. Bei einem siegreichen Angriff vor Stalingrad fand er am 9. September 1942 den Heldentod. Leider war es ihm nicht vergönnt, einmal auf Urlaub zu fahren.

Gruca hatte 4 Geschwister, von denen nur noch 2 am Leben sind. Eine Schwester ist verheiratet. In erster Ehe war der Vater Grucas mit Maria Remballack verheiratet. Am 22. April 1923 heiratete er wieder und zwar Elisabeth, geb. Arnold. Der zweiten Ehe entstammt eine Tochter. Auf seine zweite Mutter hielt Gruca große Stücke, er ehrte sie. Er selbst war ein sehr sparsamer und ordentlicher Mensch.

Böhlen, am 1. Dezember 1942.   O. Fritzsche

W. Schneider,   O.U., den 12. September 1942.
Leutnant und Komp.-Führer.

Sehr geehrter Herr Gruca!

Als Kompanieführer Ihres Sohnes, des Schützen Joseph Gruca, habe ich
heute die traurige Aufgabe, Sie von dem Heldentod Ihres Sohnes in
Kenntnis zu setzen. Am 9.9.1942 fiel Ihr Sohn durch einen Granatwerfer-
Einschlag, 3 km ostwärts Jagovnij beim siegreichen Angriff auf die
Befestigungsanlagen von Stalingrad. Uns allen in der Kompanie fällt das
Ableben eines allen, in der Kompanie und vor dem Feind bewährten
Kompanieangehörigen besonders schwer.
Die Kameraden betteten Ihren Sohn zur letzten Ruhe in einer Schlucht
3 km ostwärts Jagovnij, einem Dorf etwa 15 km südwestlich Stalingrad, in
dessen Schutzstellungen das Regiment hier eingebrochen war.
Nehmen Sie bitte mein und der Kompanie aufrichtiges Beileid, für den
schweren Verlust, der Sie betroffen hat, entgegen.
Möge die Größe der Zeit, für die er fiel, dazu beitragen, Ihnen Ihren
Schmerz zu lindern.
Die Wert- und Privatsachen Ihres Sohnes wird Ihnen die Kompanie in den
nächsten Tagen übersenden.

                                         Heil Hitler!
                                         Ihr ergebener
                                         Schneider, Lt.

Gerhard Rudolf Fischer

(1922 - 1942)

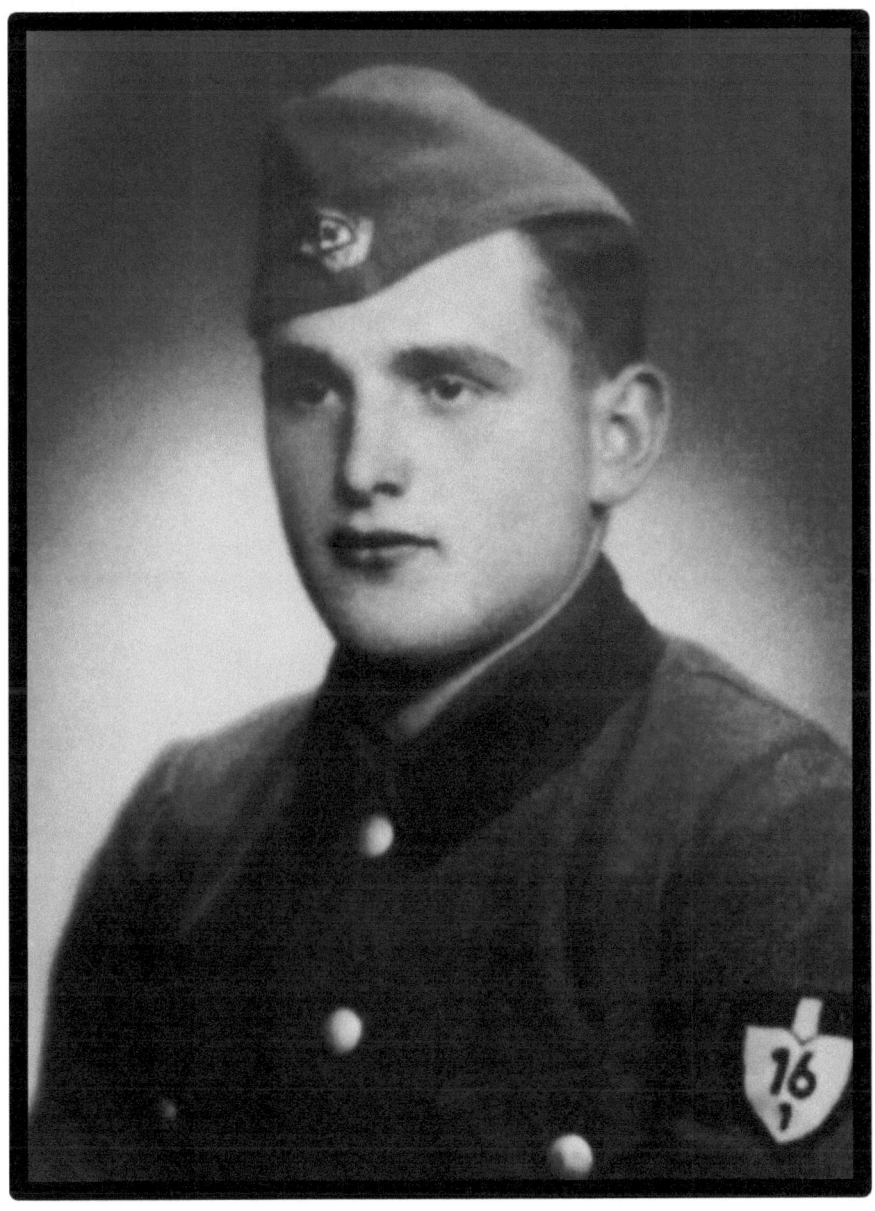

Er stammt aus dem benachbarten Rötha, wo er am 14. Dezember 1922 geboren wurde. Die Eltern zogen nach Böhlen und hier besuchte er 8 Jahre die Volksschule, die er 1937 verließ. Zunächst arbeitete er nach vollendeter Schulzeit in der Baumschule Rosenthal in Rötha und besuchte 3 Jahre die Berufsschule in Markkleeberg. Am 6. Februar 1941 ging er in den Arbeitsdienst. Am 1. Dezember desselben Jahres wurde er zur Infanterie in Weißenfels eingezogen. In Leisnig wurde er zur Heeresgruppe „Großdeutschland" ausgesucht und kam zum Truppenübungsplatz Wandern bei Frankfurt an der Oder. Hierauf ging er nach dem Osten. Am 17. September 1942 erlitt er bei Rschew den Heldentod und liegt 12 km davon an der Straße nach Rschew begraben. Ein Kopfschuss machte seinem Leben ein Ende.

Fischers Vater war Baggerführer. Er hieß Arthur Paul Fischer, der verstorben ist. Die Mutter, Anna Müller, ließ sich von ihm scheiden. Sieben Kinder entstammen der Ehe, die alle am Leben sind. Ein Bruder ist beim Militär, zwei Schwestern sind verheiratet. Die Mutter nahm nach der Scheidung wieder ihren Mädchennamen an.

Fischer war ein fleißiger, bescheidener und ordentlicher Mensch.

Böhlen, am 1. Dezember 1942.   O. Fritzsche

Im Osten, den 19.9.1942.

Sehr geehrte Frau Müller!

In der Schlacht bei Rschew am 17.9.1942 ist Ihr Sohn Rudolf in soldatischer Pflichterfüllung, getreu seinem Fahneneide für das Vaterland gefallen.

Ich spreche Ihnen, zugleich im Namen seiner Kameraden, meine wärmste Anteilnahme aus. Die Kompanie wird ihm immer ein ehrendes Andenken bewahren.

Möge Ihnen die Gewissheit, dass Ihr Sohn sein Leben für den Bestand seines Volkes, für Führer und Reich hingegeben hat, ein Trost sein in dem schweren Leide, das Sie betroffen hat.

Ich grüße Sie in aufrichtigem Mitgefühl.

gez. H u m e l
Leutnant.

Hermann Richard Bernhard Helmrich

(1919 - 1942)

Dieser Krieger stammt aus Weimar, wo er am 4. Oktober 1919 geboren wurde.

Seine Eltern zogen später nach Böhlen, wo er die Volksschule 2 Jahre besuchte, um dann noch 2 Jahre die Schustersche Privatlehranstalt zu besuchen. Nun ging er auf das Königin-Carola-Gymnasium, jetzt Günter-Prien-Schule, bis er das Einjährig-Freiwilligen Zeugnis erhielt.

Helmrich widmete sich nun den Gärtnerberuf und lernte 2 ½ Jahre in Falkenberg in der Mark. Nach der Lehrzeit arbeitete er ½ Jahr als Gehilfe bei seinem Vater und genügte dann in Offenberg in Bayern seiner Arbeitsdienstpflicht.

Im November nach Kriegsbeginn wurde er einberufen und in Naumburg als Funker bei der Artillerie ausgebildet, kämpfte dann gegen Frankreich mit und kam darauf zur Besatzungstruppe nach Flandern. Den Feldzug gegen die Russen machte er von Anfang an mit, bis er am 30. September 1942 als Unteroffizier bei Leningrad den Heldentod erlitt, er, der nach dem Zeugnis seines Batterieführers ein so braver und tapferer Soldat war. Im Januar 1942 hatte er für sein tapferes Verhalten vor Sewastopol das E.K.II erhalten. Sein Batteriechef hatte ihn für einen Offizierslehrgang vorgesehen. Auch hieraus ist zu ersehen, dass Helmrich nicht nur ein sehr tüchtiger Soldat, sondern vor allem auch ein vornehmer Charakter war.

Helmrichs Vater ist der Gärtnereibesitzer Rudolf Helmrich, der die frühere Dodelsche Gärtnerei besitzt. Seine Mutter heißt Luise, geb. Seiss. Aus der Ehe gingen 2 Söhne und 4 Töchter hervor. Der noch lebende Sohn ist Hauptsturmführer bei der SS und ist Arzt. Die vier Schwestern sind alle verheiratet.

Böhlen, am 6. Dezember 1942.   O. Fritzsche

Dienststelle
F.P. 07401 D   Im Osten, 2.10.1942.

Sehr geehrter Herr und Frau Helmrich!

Noch selbst tief erschüttert komme ich meiner traurigen Pflicht
nach, Ihnen mitzuteilen, dass Ihr lieber Sohn am 30.9. vormittags bei
einem feindlichen Artillerie-Feuerüberfall durch Volltreffer auf Bunker
den Heldentod für Führer und Volk fand.

Im Namen der Batterie und vor allem persönlich spreche Ich
Ihnen unsere tiefempfundene Teilnahme aus. Wir verlieren in Ihrem
Sohne einen stets hilfsbereiten, guten Kameraden, der sich in höchster
Pflichterfüllung als vorbildlicher und tapferer, unerschrockener
Kämpfer für die Zukunft unseres Volkes eingesetzt hat.

Worte können Ihnen keinen Trost sprechen. Ich bitte Sie aber in
Ihrem großen Schmerz zu bedenken, dass unser lieber Kamerad
Bernhard Helmrich durch seinen höchsten Einsatz unsere liebe
Heimat vor einer Zerstörung bewahrte und dazu beitrug, eine freie
glückliche Zukunft für unser Volk zu erkämpfen.

Wir beerdigen Ihren lieben Sohn in einer Feierstunde mit einem
anderen Kameraden, der mit ihm den Heldentod fand, auf den
Heldenfriedhof der Division.

Ich drücke Ihnen nochmals teilnahmsvoll die Hand und grüße Sie
herzlichst.

                                        Heil Hitler!
                                        B ö t t c h e r , Oblt.

Friedrich Werner Kreysch

(1924 - 1942)

Am 16. Februar 1924 wurde er in Böhlen geboren, besuchte unsere Volksschule und erlernte den Musikerberuf in Frohburg.

Zum Arbeitsdienst wurde er nicht eingezogen. Nach beendeter Lehrzeit ging er in das Elektrowerk nach Lippendorf. Während seiner Lehrzeit besuchte er die Berufsschule in Frohburg.

Am 20. März 1942 wurde er zum Militär einberufen und in Belgien ausgebildet. Zuerst wurde er als Flieger ausgebildet und besuchte die Fliegertechnische Schule in Gießen I, kam zu einem Musikerkorps, welches in Norwegen lag. Im September 1942 ging er nach Italien und sollte in Caferta übergesetzt werden nach Afrika. Später erfolgte seine Ausbildung als Panzerschütze und war den Fallschirmjägern unterstellt.

Nach 24-tägigem Heimaturlaub verunglückte er durch den Fahrer mit einem LKW mit dem er seine Einheit erreichen wollte. Auf dem Friedhof in Monte Lucce liegt unser bedauernswerter Kreysch in Reihe 5, Grab 95 begraben und fand dort seine letzte Ruhe.

Kreysch war nicht verheiratet.

Der Vater des Gefallenen heißt Friedrich Georg Kreysch und die Mutter Pauline Charlotte, geb. Wildeck.

Böhlen, am 25. Juli 1944.   O. Fritzsche

Horst Erich Schiwek

(1921 - 1942)

Am 15. Januar 1921 wurde er in Gößnitz als Sohn des Elektromeisters Gustav Schiwek und seiner Gattin Klara, geb. Gentsch geboren. Er war das vierte Kind der Familie. Das erste Schuljahr ging er in die Schule zu Gößnitz und die übrigen sieben Jahre war er Schüler unserer Volksschule. In Böhlen wurde er auch konfirmiert. Im Jahre 1932 trat er in die Hitlerjugend ein und beteiligte sich an verschiedenen Großfahrten derselben. Es war ihm vergönnt, Tannenberg, Ostpreußen und die masurischen Seen zu sehen. In seinem 18. Lebensjahre trat er zur SA.

Nach beendeter Schulzeit widmete er sich dem Friseurgewerbe und besuchte die entsprechende Fachschule in Leipzig. Auch im Sport betätigte er sich gern. Nach vollendeter Lehrzeit wollte er gern in den Arbeitsdienst und dann zum Militär gehen. Die Gemeinde Lippendorf reklamierte ihn aber, weil der dortige Friseur einberufen war. Schiwek musste seinen Meister vertreten. Im September 1939 ging er zur ASW Böhlen und wurde im Kesselhaus beschäftigt.

Am 20. Juni 1942 wurde er zu den Fahnen gerufen und ging Anfang September ins Feld. Das Jahr zuvor heiratete er Frl. Ilse Kupfer, die Tochter eines Kraftwagenführers in Zwenkau. Der Ehe entsprossen zwei Kinder, die leider beide früh verstarben. Schiwek wurde vor Stalingrad eingesetzt und musste schon am 3. Dezember 1942 sein Leben für Führer und Volk opfern.

Seine letzte Post datierte vom Oktober. Während der Zeit seines Einsatzes von Stalingrad erhielt er keine Post aus der Heimat. Seine Angehörigen hatten ihm oft geschrieben und ihm Päckchen geschickt, aber nichts erreichte den bedauernswerten Kämpfer.

Auf dem Heldenfriedhof von Marinowka wurde er mit militärischen Ehren begraben. Schiwek war ein fleißiger und bescheidener Mensch, den jeder gern haben musste. Sein Kompanieführer schildert ihn als einen pflichtbewussten tapferen und stets einsatzbereiten Krieger, der bei Vorgesetzten und Kameraden sehr beliebt war.

Böhlen, am 12. März 1943.   O. Fritzsche

Pietsch
Leutnant u. Kompanieführer   Im Felde, den 10.12.1942.

Sehr geehrte Frau Schiwek!

Schweren Herzens muss ich Ihnen heute die traurige Mitteilung machen,
dass Ihr Gatte, der Grenadier Horst Schiwek, am 3.12.42 getreu seinem
Fahneneid für Führer, Volk und Vaterland gefallen ist. Während der
kurzen Zeit der Zugehörigkeit zu meiner Kompanie zeigte sich Ihr Gatte
als tapferer und stets einsatzbereiter Soldat. Durch sein pflichtbewusstes
und zuverlässiges Arbeiten und seine nimmermüde stete Einsatzbereitschaft im Kampf wurde er von allen Vorgesetzten sehr geschätzt
und von seinen Kameraden stets geliebt. Bei dem am 3.12.42 geführten
Angriff der Kompanie nördlich Marinowka, zwischen Don und Wolga,
zeigte er sich wieder als unerschrockener und vorbildlicher Soldat. Leider
wurde er bei diesem Angriff durch mehrere Granatsplitter am linken
Oberarm und linken Oberschenkel so schwer verwundet, dass er sofort
bewusstlos war.
Wir haben Ihren Gatten sofort zum Arzt gebracht und von da zum
Hauptverbandsplatz. Leider war die Verwundung so schwerer Art, dass alle
ärztliche Hilfe ihn nicht mehr retten konnte. Er verschied 1 ½ Stunden
nach seiner Verwundung ohne das Bewusstsein wieder erlangt zu haben.
So schwer auch der Verlust für mich und die Kompanie ist, so ist es doch
ein gewisser Trost für mich und sicher auch für Sie, dass Ihr Gatte durch
die Bewusstlosigkeit keine Schmerzen mehr ertragen musste. Die Tatsache,
dass Ihr Gatte als tapferer Kämpfer mit der Waffe in der Hand in dem
großen Ringen um Europas und Groß-Deutschlands Freiheit sein
Höchstes, sein Leben, gab, lässt uns mit Stolz und Ehrfurcht auf ihn
blicken und den Schmerz leichter tragen. Ich kann Ihnen versichern, sehr
geehrte Frau Schiwek, dass der Name Ihres Gatten stets bei uns
weiterleben wird, und wir seiner stets gedenken werden.
Am 4.12. haben wir Ihren Gatten auf dem Heldenfriedhof in Marinowka,
etwa 80 km westlich Stalingrad, an der Bahnlinie Kalatsch-Stalingrad, zur
letzten Ruhe gebettet. Aufnahmen von der letzten Ruhestätte Ihres Gatten
wurden gemacht. Sobald sie fertig sind, senden wir Ihnen diese zu.
Die persönlichen Gegenstände werden Ihnen bei nächster Gelegenheit
durch die frühere Kompanie Ihres Gatten zugeschickt.
In tiefem Mitgefühl grüße ich Sie auch im Namen aller seiner Kameraden.

gez. Ihr Pietsch

154

Otto Heinz Reinicke

(1921 - 1943)

Am 25. Oktober 1921 wurde er in Großkayna im Kreis Weißenfels geboren, besuchte 8 Jahre die Volksschule in Kötzschen, um dann Bauschlosser bei der Fa. Karl Kästner, Geldschrankfabrik in Leipzig, zu werden. Während seiner Lehrzeit besuchte er 3 Jahre die Berufsschule in Markkleeberg und verblieb noch kurze Zeit nach der Lehrzeit bei seiner Firma. Seiner Arbeitsdienstpflicht genügte er in Gehlenburg in Ostpreußen.

Am 4. Februar 1941 erfolgte seine Einberufung zum Militär. Im August 1941 zog er mit dem gefallenen Kameraden Schulze aus Böhlen ins Feld. Am 20. Januar 1942 erfror er Hände, Füße und Nase und kam zur Wiederherstellung seiner Gesundheit nach Krummhübel im Riesengebirge, wurde ausgeheilt und darauf einer Genesungskompanie in Holzminden zugeteilt. Hier erkrankte er an Mandelentzündung. Nach erfolgter Ausheilung erkrankte er an Scharlach. Auch da erfolgte Gesundung, so dass er sich an einem Kursus für Unterführer beteiligen konnte, der in Magdeburg stattfand. Reinicke wurde Unteroffizier und ging am 4. Dezember 1942 wieder ins Feld und sollte nach Stalingrad, kam aber nach Schachty und machte verschiedene schwere Kämpfe mit. Bei Nowo-Alexandrowka ereilte ihn am 22. Februar 1943 der Tod. Seine Todesstunde ist unbekannt geblieben.

Reinicke war ein sparsamer, fleißiger und exakter Mensch. Schon während seiner Lehrzeit erhielt er von der Fa. Kästner wiederholt Belobigungen und Auszeichnungen. Beim Heere wurde er mit dem Sturmabzeichen, der Ostmedaille und dem Eisernen Kreuz II. Klasse ausgezeichnet.

Der Vater Reinickes ist der Betriebsmeister Friedrich Hermann Reinicke bei der Brabag. Die Mutter heißt Ida Emma, geb. Hartung. Die Eltern verlieren ihren einzigen Sohn, der durch Selbstzucht, Fleiß und Sparsamkeit anderen ein leuchtendes Vorbild war.

Bödicker
Oblt. u. Kp.Fhr.   Im Osten, 2.3.1943.
16173

Sehr geehrter Herr Reinicke!

Als Kompanieführer habe ich Ihnen die schmerzliche Mitteilung
zu machen, dass Ihr Sohn, unser Unteroffizier Reinicke, am 22.2.
durch Unglücksfall gestorben ist. Auf nicht geklärte Weise ist
aus seiner Maschinenpistole ein Schuss losgegangen und hat ihn
in Herz und Lunge tödlich getroffen. Der Schlag trifft mich um so
härter, als er mir seit dem Dezember letzten Jahres besonders ans
Herz gewachsen war. Ich freute mich mit ihm, dass er nicht mehr
in Stalingrad war. Für seine oft bewiesene Tapferkeit konnte ich
ihm das E.K.II.Kl. verleihen.

Ich verstehe Ihren Schmerz, den Sie bei dieser Nachricht
bekommen werden. Den einzigen Trost, den Sie und wir haben, ist der,
dass er einen kurzen und schmerzlosen Tod gehabt hat und dass er
fiel für unsere Heimat, unseren Führer und einen langen, langen
Frieden nach diesem Kriege.

Ihr mittrauernder
gez. Heinz Bödicker

Holzminden, den 22.3.1943.

Sehr geehrter Herr Reinicke!

Sicher werden Sie sich meiner noch erinnern, als Heinz, ich und noch ein Kamerad damals in Leipzig auf der Durchreise nach Russland Sie und Ihre Gattin trafen. Wir drei hielten zusammen, besonders aber Heinz und ich, denn schon im Winter 41/42 waren wir beide ja schon in einer Kompanie und so verband uns eine enge Freund- und Kameradschaft. Es war daher auch nicht Zufall, dass wir zwei bei unserem neuen Truppenteil, 16173, wieder in einer Kompanie waren und so gemeinsam den Feldzug vom großen Bogen des Don bis zum Ort Nowo-Alexandrowka erlebten und immer in vorderster Linie mitmachten. Jede freie Minute benutzte einer von uns beiden, um den anderen zu besuchen und wenigsten „Guten Tag" zu sagen und eine Zigarette miteinander zu rauchen. Bis dann auf einmal plötzlich das Schicksal hart und unerbitterlich mir den besten Freund und Kameraden nahm.

Ich weiß nicht, Herr Reinicke, ob Sie schon von der Kompanie eine entsprechende Nachricht und Darstellung erhalten haben. Ich aber halte es für meine Pflicht, Ihnen genau zu schildern, wie sich der Unglücksfall ereignet hat: Wir hatten am 22.2. das schon oben erwähnte Dorf besetzt und noch beim Quartiermachen 4 Offiziere und 1 Kommissar vorgefunden und nach kurzem Gefecht erschossen. Die Waffen wurden unter uns verteilt und Heinz nahm sich auch eine russ. Maschinenpistole. Am anderen Morgen ging er zu seiner Gruppe, die draußen in Stellung lag und legte seine M.P. auf die Erde. Da ging auch schon eine Salve los und traf ihn in Rücken, wonach die Kugeln genau im Herzen wieder herauskamen. Er war auf der Stelle tot. Ich konnte es zuerst auch nicht glauben, bis ich ihn dann selbst sah.

Wir haben ihn mit allen Ehren begraben. Ich werde mich bemühen, Ihnen eine Aufnahme seines Grabes zu schicken, das Kompanie-Angehörige aufgenommen haben.

Es grüßt Sie und Ihre Gattin in aufrichtiger Anteilnahme

Ihr
W. H. Holldorf

Hermann Heinz Merseburger

(1921 - 1943)

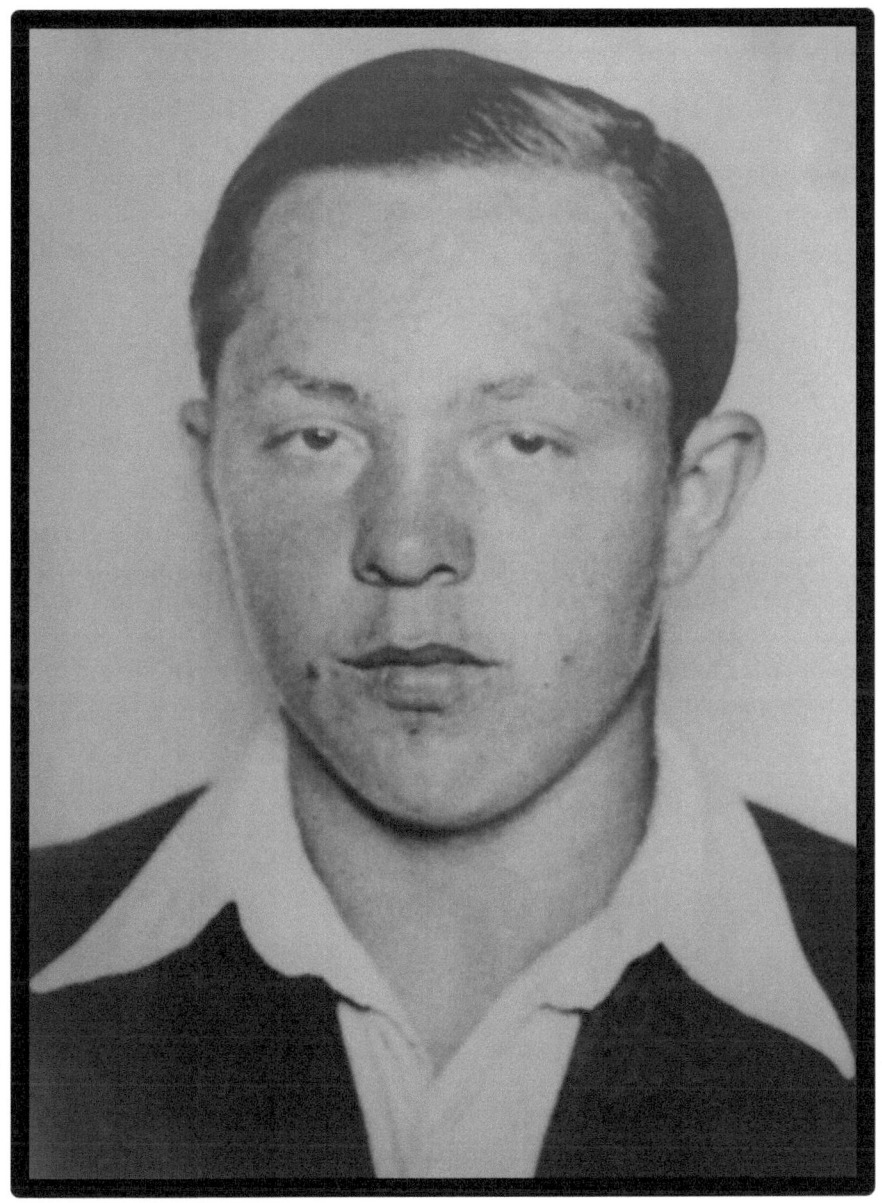

Am 4. September 1921 wurde er in Böhlen geboren und besuchte 8 Jahre die hiesige Volksschule. Nach dem Besuch derselben ging er zur ASW, um Schlosser zu werden, wurde aber nach dem ersten Lehrjahr krank und ging darum in die Baumschule Rosenthal in Rötha zur Arbeit. Drei Jahre besuchte er die Berufsschule in Markkleeberg. Am 14. Oktober 1940 wurde er auf 4 Monate zum Arbeitsdienst gerufen.

Am 6. Februar 1941 wurde er Infanterist in Löbau. Im August desselben Jahres ging er nach dem Osten ins Feld. In den Jahren 1941 und 1942 wurde er verwundet. Am 5. Juni 1943 starb er, den Heldentod für Führer und Reich, er der immer dienstfreudig und einsatzbereit war, was seine Auszeichnungen beweisen. Kurz vor seinem Tode wurde er noch zum Unteroffizier befördert. An Auszeichnungen erhielt er:

am 8. April 1942 das Verwundetenabzeichen
am 16. Juli 1942 das Eiserne Kreuz 2. Klasse und
am 18. November 1942 das Infanterie-Sturmabzeichen.

Der Vater Merseburgers ist der Bergarbeiter Friedrich Hermann Merseburger. Die Mutter heißt Frieda Lina, geb. Lange. Ihrer Ehe entstammen 3 Knaben und 2 Mädchen, ein Sohn starb im zarten Alter von ½ Jahr, so dass unser Merseburger seine bedauernswerten Eltern und 3 Geschwister hinterlässt. Immer war er fleißig und ordentlich, so dass seine Angehörigen sehr zu bedauern sind.

Böhlen, am 17. Juli 1943.   O. Fritzsche

Hauptfeldw. Bast   O.U., den 10.6.43.

Sehr geehrter Herr Merseburger!

An Stelle des gefallenen Kompanieführers habe ich die traurige
Pflicht, Ihnen mitteilen zu müssen, dass Ihr Sohn, der Unteroffizier
Heinz Merseburger, am 5.6.43 den Heldentod starb.

In den Morgenstunden des 5.6. trat die Kompanie zum Angriff
gegen eine vom Feinde stark befestigte Höhenstellung, 8 km südlich
dem Dorfe Morosicha an. Hierbei erhielt Ihr Sohn eine sofort tödlich
wirkende Verwundung am Kopf.

Ihr Sohn zeichnete sich stets durch seine Dienstfreudigkeit
und Einsatzbereitschaft aus und war allen ein guter Kamerad.

So schmerzlich auch für uns der Verlust sein mag, unvergleichlich
größer und schmerzlicher ist der Ihre. Schwer ist es Trost zu spenden,
mögen Sie ihn finden in der Gewissheit unseres Sieges und in dem
Glauben an die Zukunft unseres Volkes. Der Tod unserer Kameraden
ist uns ein Vermächtnis und Verpflichtung weiter zu kämpfen, bis wir
das verwirklichen, wofür sie ihr Leben hingaben.

Bestattet ist Ihr Sohn unter militärischen Ehren auf den
Ehrenfriedhof Shernowez ca. 6 km südlich Orel.

                          In aufrichtigem Beileid !
                          gez. Heinz Bast

Otto Alfred Probst

(… - 1943)

Seehausen, Lt.
Dienststelle 21 764 D   Im Felde, den 7.7.1943.

Sehr geehrter Herr Probst!

Ich habe die traurige Pflicht, Ihnen und Ihren werten Angehörigen mitteilen zu müssen, dass Ihr Sohn, der Pz.-Gren. Alfred Probst, am 5. Juli 1943 bei Werch-Tagino (etwa 70 km südl. Orel) durch Granatvolltreffer den Heldentod fand.

Ich weiß, wie hart Sie diese Nachricht trifft und wie schwer es für Sie und Ihre Gattin ist, das Teuerste und Liebste herzugeben.

Am 5.7.1943, morgens 6.30 Uhr, trat die Kompanie zu einem Angriff an. Schon nach 500 m ereilte Ihrem Sohn das Schicksal. Er war sofort tot und hat das Bewusstsein nicht wiedererlangt.

Ihr Sohn war uns immer ein hilfsbereiter, williger und lieber Kamerad. Die Kompanie wird ihm stets ein ehrendes Andenken bewahren. Seine letzte Ruhe fand er auf dem Heldenfriedhof der Division in Bogorodizhoje (etwa 60 km südl. Orel). Ein Bild von dem Grab wird Ihnen baldmöglichst zugeschickt.

Nehmen Sie und Ihre werten Angehörigen mein und der ganzen Kompanie wärmstes und aufrichtigstes Beileid entgegen.
Ich grüße Sie, auch im Namen der Kompanie

Ihr
gez. Seehausen
Leutnant und Kp.-Führer.

Albin Fritz Herbert Sperl

(1920 - 1943)

In Leipen im Kreise Borna wurde er am 23. März 1920 geboren. Das erste Jahr ging er in die Volksschule in Pödelwitz, die übrigen sieben Jahre besuchte er die Volksschule in Böhlen. Hierauf trat er in die Höhere Handelsschule in Leipzig ein. Er widmete sich dem kaufmännischen Berufe und arbeitete als Expedient und Lagerist bei der Firma Selle und Irmscher in Leipzig, Brühl 25, darauf im väterlichen Geschäft in Böhlen. Die Eltern besitzen hier ein Herrenmodengeschäft, das einzige im Orte, das sehr gut geht und in vortrefflichem Rufe steht. Seiner Arbeitsdienstpflicht hatte er in Natternberg bei Passau genügt. Am 7. Januar 1940 wurde er zum Militär einberufen und in Eilenburg und Bautzen ausgebildet. Nach sieben Monaten Ausbildung ging er am 3. August 1940 ins Feld und kam zunächst zur Besatzungstruppe nach Frankreich. Zu Beginn der Kämpfe gegen Russland kam er gleich am ersten Tage nach dem Osten und nahm dort an mehreren Schlachten teil. Hierauf wurde er als Sanitäts-Feldwebel im Kampf gegen die Partisanen eingesetzt im Ostbataillon 627, das in der Hauptsache aus Kosaken und Tataren bestand. Am 13. August 1943 erlitt er bei Roslawl den Heldentod und wurde dort auf dem Heldenfriedhof beigesetzt. Bei einem Überfall war ein tatarischer Unteroffizier schwer verwundet worden. Herbert Sperl war sofort hilfsbereit zur Stelle. Der Verwundete verschied in seinen Armen. Da traf auch unserem braven Sperl eine feindliche Kugel mitten durchs Herz. Nun ruhen die beiden braven Kämpfer auf einem Friedhof.

Am 29. August 1942 hatte Sperl die Tochter des hiesigen Oberlehrers Lämmel, Fräulein Käthe Ruth Lämmel, geheiratet. Leider war das Eheglück nur von kurzer Dauer.

An Auszeichnungen besaß Sperl die Ostmedaille und die Tapferkeits- und Verdienstauszeichnung mit Schwertern, für Ostvölker.

Seine Eltern sind der Kaufmann Fritz Sperl und seine Gattin Lucia, geb. Roßbach. Außer diesen und seiner Gattin hinterlässt er noch eine Schwester. Die Eltern sind tief zu bedauern, da ihr Herbert nach dem Kriege das väterliche Geschäft übernehmen sollte. Nicht unerwähnt bleiben darf hier das schwere Schicksal, das außer den Angehörigen seine Schwiegereltern traf. Familie Lämmel verlor innerhalb weniger Monate den zweiten Schwiegersohn, Heinz Erhard, der als vermisst gemeldet wurde und wahrscheinlich auch gefallen ist. Er war das einzige Kind seiner bedauernswerten Eltern. Sperl und Erhard waren zwei junge Männer von vornehmen Charakter.

Böhlen, am 14. Dezember 1943.   O. Fritzsche

Richard Kurt Reiher

(1910 - 1943)

Reiher stammt aus dem benachbarten Medewitzsch und wurde dort am 5. Januar 1910 geboren. Hier besuchte er auch die Volksschule und darauf die Berufsschule in Rötha und Kieritzsch. In dem Baugeschäft von Walter Reiher in Magdeborn erlernte er das Maurerhandwerk.

Am 1. März 1940 wurde er zum Militär einberufen und in Zamosch in Polen ausgebildet. Er kämpfte im Westen und im Osten mit und fiel am 25. August 1943 bei Uspenskaja in schweren Abwehrkämpfen.

Reihers Eltern sind der Bergarbeiter Richard Reiher in Medewitzsch und seine Gattin Ida, geb. Bertram.

Reiher war ein äußerst fleißiger und sparsamer Mensch. Dadurch hatte er es soweit gebracht, dass er sich in Stöhna ein schönes Haus bauen konnte, wobei ihm seine Angehörigen fleißig halfen. In Stöhna war er bei jedermann sehr beliebt. Außer seiner lieben Gattin hinterlässt er zwei Söhne von 2 und 8 Jahren. Vor seiner Einberufung war er bei der ASW beschäftigt, die nun einen fleißigen und soliden Arbeiter verloren hat.

Böhlen, am 20. Januar 1944.   O. Fritzsche

Dienststelle der
Feldeinheit 29138-C   E.O., den 5. 9. 43.

     Sehr geehrte Frau Reiher!

     Ich habe die traurige Pflicht zu erfüllen und Ihnen die Nachricht zu geben, dass Ihr Mann, unser lieber Kamerad
Obergefr. Kurt Reiher
am 25. 8. 43 bei den schweren Abwehrkämpfen bei Uspenskaja für Deutschlands Größe und Freiheit gefallen ist. Beerdigt wurde er in einem Wäldchen in der Nähe des Feldbahnhofes Uspenskaja.
     Zu dem schweren Verlust, den Sie durch den Heldentod Ihres Gatten erlitten haben, spreche ich Ihnen sowohl in meinem als auch im Namen aller Einheitsangehörigen die tiefste Anteilnahme aus.
     Ihr Gatte hat als alter Angehöriger der Einheit stets seine Pflicht erfüllt, war immer einsatzbereit und war bei seinen Kameraden äußerst beliebt.
     Die fremde Erde möge ihm leicht sein.
Heil Hitler!
Unterschrift
Oblt. u. Bttrfhr.

Wilhelm Dirnberger

(1911 - 1943)

Am 19. Februar 1911 wurde er in Gern (Bezirksamt Eggenfelden) geboren. Die Volksschule besuchte er in Hebertsfelden, ebenso die Berufsschule. Seiner Arbeitsdienstpflicht genügte er in Straubingen. Von 1927 – 1930 war er in der Landwirtschaft beschäftigt. Anschließend war er im Tonsiebewerk Eggenfelden tätig. Später war er bei der Firma Wayss & Freytag in Arbeit, um am 16. September 1936 in die ASW einzutreten. Am 18. Juni 1942 wurde er zum Militär einberufen und in Frankreich ausgebildet. Im Dezember desselben Jahres ging er nach dem Osten ins Feld. Schon am 9. September 1943 fiel er bei den Kämpfen am mittleren Dnjepr bei Stalino.

Um ihn trauern seine Gattin Clara Dirnberger, geb. Peschke und seine beiden Söhnchen Siegfried, geb. am 29. Oktober 1938 und Manfred, geb. am 30. April 1940. Der Vater Dirnbergers ist der Bergarbeiter Wilhelm Dirnberger. Die Mutter heißt Anna, geb. Mühlbauer. Die ASW verliert mit ihm ein getreues Gefolgschaftsmitglied.

Böhlen, am 14. März 1944.   O. Fritzsche

Dienststelle Feldpostnummer 28 795.   Im Osten, den 1.10.1943

     Sehr geehrte Frau Dirnberger!
     Ich habe die schmerzliche Pflicht, Ihnen mitzuteilen, dass Ihr lieber Mann, der Obergrenadier Wilhelm Dirnberger, in den harten Abwehrkämpfen ostwärts des mittleren Dnjepr am 9.9.1943 bei Stalino im Kampf um die Freiheit Großdeutschlands in soldatischer Pflichterfüllung, getreu seinem Fahneneide für Führer, Volk und Vaterland gefallen ist.
     Zugleich im Namen seiner Kameraden spreche ich Ihnen meine wärmste Anteilnahme aus. Die Kompanie wird Ihrem Gatten stets ein ehrendes Andenken bewahren und in ihm ein Vorbild sehen.
Die bei der Kompanie befindlichen Nachlasssachen lasse ich Ihnen durch Feldpost zugehen.
     Die Gewissheit, dass Ihr Gatte für die Größe und Zukunft unseres ewigen Deutschen Volkes sein Leben hingab, möge Ihnen in dem schweren Leid, das Sie betroffen hat, Kraft geben und Ihnen ein Trost sein.
     Falls Sie noch irgendwelche Rückfragen haben sollten, stehe ich Ihnen selbstverständlich jederzeit zur Verfügung.
     In aufrichtigem Mitgefühl grüße ich Sie

                        ergebenst
                        gez. P e t e r m a n n ,
                        Oberleutn. und Komp.Fhr.

Johannes Wolfgang Tuch

(1924 - 1943)

Auch er ist ein Böhlener Kind und wurde am 16. Oktober 1924 geboren.

Nach achtjährigem Schulbesuch widmete er sich dem Buchhandel und besuchte die Buchhändler-Lehranstalt in Leipzig. Nach seiner Lehrzeit genügte er der Arbeitsdienstpflicht in Torgau und Zeithain.

Am 14. Oktober 1942, also 2 Tage vor seinem Geburtstage, wurde er zu den Panzer-Grenadieren in Leisnig einberufen und Anfang Juli 1943 ging er ins Feld und kämpfte im Osten bei Orel und Wjasma. Am 30. August 1943 wurde er bei Wjasma schwer verwundet. Leider gelang es nicht, den blühenden jungen Mann zu heilen, denn am 9. Oktober 1943 schloss er im Reserve-Lazarett Lötzen die Augen für immer.

Tuch war ein sehr bescheidener, ruhiger und höflicher Mensch, der der Jugend ein leuchtendes Vorbild war. Sein Vater ist der Kaufmann Paul Johannes Tuch, der in Leipzig arbeitet. Die Mutter heißt Selma Alma, geborene Staude. Sie ist auch ein Böhlener Kind. Außer seinen bedauernswerten Eltern hinterlässt er zwei Brüder im Alter von 16 und 5 Jahren.

Böhlen, am 16. Januar 1944.   O. Fritzsche

Kurt Rudolf Schüler

(1922 - 1943)

Am 17. Mai 1922 wurde er in Ellefeld im Vogtland geboren. Dort besuchte er auch acht Jahre lang die Volksschule. Bei der Firma Eckert und Finck, Papiergroßhandlung, in Leipzig, trat er als kaufmännischer Lehrling ein. Während seiner Lehrzeit besuchte er die Berufsschule in Markkleeberg.

Ein halbes Jahr Lehrzeit wurde ihm erlassen, weil er an der Herbstgehilfenprüfung teilnahm. Leider hatte Schüler von Ostern 1936 bis Ostern 1937 warten müssen, ehe es ihm gelang einen Lehrherrn zu finden. Im Jahre 1936 zogen Schülers Eltern nach Böhlen. Nach beendeter Lehrzeit arbeitete er zunächst bei seinem Lehrherrn weiter als kaufmännischer Angestellter. In die Brabag trat er am 1. August 1940 ein.

Am 18. Juni 1942 wurde er zum Militär einberufen und in Leipzig bei der Infanterie-Nachrichten-Ersatzkompanie ausgebildet. Im März 1943 ging er nach dem Osten, in die Nähe von Smolensk. Schon am 21. Dezember desselben Jahres trafen ihn Splitter eines feindlichen Artilleriegeschosses so schwer, dass er sofort tot war. Auf dem Heldenfriedhof in Wizebsk liegt er begraben. An Auszeichnungen besaß er das Verwundetenabzeichen, das Eiserne Kreuz II. Klasse und das Sturmabzeichen in Silber. Nachträglich erhielt er noch die Nahkampfspange.

Mit dem Werk stand er im lebhaften Schriftwechsel und bekundete damit seine Anhänglichkeit an dasselbe.

Der Vater ist der Chemiewerker Kurt Willy Schüler, der auch bei der Brabag arbeitet. Die Mutter heißt Emma, geborene Pietzsch.

Das Werk verliert in Schüler einen jungen Mann, der durch Haltung und Pflichterfüllung anderen ein Vorbild war.

Böhlen, am 10. Januar 1944.   O. Fritzsche

Eminger, Leutnant
Dienststelle Feldpostnummer 03 692

Hochverehrte Familie Schüler !

Bei den schweren Kämpfen bei Kasanowa (ostw. Wizebsk) am 21.12.43
fiel ihr lieber Sohn Rudolf im Kampf um die Freiheit Großdeutschlands
in soldatischer Pflichterfüllung, getreu seinem Fahneneide für Führer, Volk
und Vaterland. Splitter eines feindlichen Artilleriegeschosses trafen Rudolf
bei der Ausübung seines Dienstes am Funkgerät so schwer, dass er sofort
tot war !

Zugleich im Namen seiner Kameraden spreche ich Ihnen meine wärmste
Anteilnahme aus. Ihr Sohn Rudolf war bei seinen Vorgesetzten, sowie bei
allen Kameraden sehr beliebt.
Sein Heldentod ist uns allen sehr nahe gegangen, und der Stab wird Ihrem
Sohn stets ein ehrendes Andenken bewahren und in ihm ein Vorbild
sehen.

Die Gewissheit, dass Ihr Sohn für die Größe und die Zukunft unseres
ewigen deutschen Volkes sein Leben gab, möge Ihnen in dem schweren
Leid, das Sie betroffen hat, Kraft geben und ihnen ein Trost sein.

Kameraden betteten ihn auf dem Heldenfriedhof in Wizebsk zur letzten
Ruhe. Ein Foto von Rudolfs Grab, sowie seine Nachlasssachen senden wir
Ihnen in den nächsten Tagen zu.

In aufrichtigem Mitgefühl grüße ich Sie
mit Heil Hitler!
Ihr
gez. Eminger
Leutnant und Führer des Stabes

Ernst Wilhelm Rudolf Müller

(1922 - 1944)

Rudolf Müller, Unteroffizier und Flugzeugführer, wurde als Sohn des Chemikers der AG. Sächs. Werke, Dr. Ing. Richard Müller und seiner Ehefrau Edgart Müller, geb. Vogel, am 24. August 1922 in Hirschfelde/ Sachsen (Oberlausitz) geboren, wo er zusammen mit der 3 Jahre jüngeren Schwester Eleonore die ersten Kinderjahre verlebte.

Als 1927 die Versetzung seines Vaters zum Braunkohlen- und Großkraftwerk Böhlen erfolgte, siedelte die Familie nach Böhlen bei Leipzig über. Hier besuchte Rudolf von 1929 bis 1933 die Volksschule und bezog anschließend zwecks weiterer Ausbildung das Königin-Carola-Gymnasium in Leipzig. Gleichzeitig erfolgte seine Aufnahme in das Jungvolk (Hitlerjugend) der Ortsgruppe Böhlen. Ev.-luth. Konfession wurde er Ostern 1937 in der Kirche zu Rötha konfirmiert.

Bei seiner schon frühzeitig lebhaften Anteilnahme für alle technischen Vorgänge und Einrichtungen sowie seiner großen Vorliebe, insbesondere für die im Aufbau befindliche Segelfliegerei, beschäftigte sich Rudolf Müller während seiner Freizeit zu Hause und in den vom NSFK eingerichteten Bastelkursen der Segelflugmodellbaugemeinschaft Böhlen unter Anleitung des Flugmodellbaulehrers Clemens mit der Herstellung einer größeren Anzahl von Flugmodellen und konnte mit diesen bei Wettbewerben verschiedene Preise hereinholen.

Seit April 1936 mit der Führung des MFG Böhlen beauftragt, wurde er in Anerkennung seiner Leistungen 1939 zur Teilnahme an einem längeren Ausbildungslehrgang in die Reichsmodellbauschule Lauenburg/Elbe geschickt. Während der Schulferien hatte er Gelegenheit, sich in der Lehrwerkstatt der ASW handwerkliche Fertigkeiten und Kenntnisse für seinen späteren Beruf als Maschinenbauer anzueignen.

Anfang März 1941 verließ er das Gymnasium mit dem Reifezeugnis und meldete sich mit Leib und Seele, der Fliegerei verschworen, freiwillig bei der Wehrmacht zum Eintritt in die Flugwaffe.

Die Zeit bis zu seiner Anfang August 1941 erfolgten Einberufung benutzte er zur weiteren handwerklichen Ausbildung in der Hauptwerkstatt der ASW.

Nach der Grundausbildung zum Flieger in Oschatz erfolgte die weitere Ausbildung in verschiedenen Fliegerhorsten. Anfang Juli 1942 wurde er zum Gefreiten, Anfang Mai 1943 zum Unteroffizier befördert.

Stolz und glücklich seine Ausbildung als Flugzeugführer und Jagdflieger sowie alle Prüfungen zu gutem Abschluss gebracht zu haben und nunmehr auf seinem Einsatz wartend, ereilte ihn das Unglück bei dem Fliegerangriff auf Magdeburg am 21. Januar 1944 zusammen mit einem Kameraden von einer Bombe tödlich getroffen zu werden.

Seine Beisetzung erfolgte unter militärischen Ehren in Plauen im Vogtland. Familie Müller ist tief zu bedauern, da auch sie ihren einzigen Sohn verliert.

Böhlen, am 21. Mai 1944.   O. Fritzsche

Rolf Götz

(1924 - 1944)

Geboren wurde er am 19. Februar 1924 in Kötzschen bei Merseburg.

Seine Volksschulbildung erfolgte in Kötzschen und in Böhlen. Nach beendeter Schulzeit erfolgte seine Ausbildung als Schlosser in der Brabag. Zur Arbeitsdienstpflicht wurde er nicht eingezogen. Nach beendeter Lehrzeit blieb er seinem Lehrherrn treu.

Am 20. März 1942 erfolgte seine Einberufung zum Militär, nachdem er sich freiwillig gemeldet hatte. Seine Ausbildung erfolgte in Brüssel.

Am 3. April 1943 ging er ins Feld und kämpfte mit im Osten bei Kuben, der Krim und bei Odessa. Schon am 27. März 1944 erlitt er zwischen Nikolajew und Odessa den Heldentod. Durch Tiefflieger war sein Flugzeug in Brand geraten, er selbst erhielt einen Steckschuss im rechten Oberschenkel, seinem Kameraden wurden beide Arme durchschossen. Die Verwundung beider war so schwer, dass sie zum Tode führte.

Götz war ein stiller und bescheidener Soldat, der bei seinen Vorgesetzten im hohen Ansehen stand. Für seine Tapferkeit wurde er mit dem Eisernen Kreuz II. Klasse ausgezeichnet.

Götz war unverheiratet.

Der Vater ist der Schlossermeister Kurt Götz. Die Mutter heißt Elsa, geb. Kürbitz.

Böhlen, am 27. Juli 1944.   O. Fritzsche

Ernst Hans-Ludwig Apitzsch

(1925 - 1944)

Ernst Hans-Ludwig Apitzsch, Sohn des Gärtnereibesitzers Ludwig Apitzsch und seiner Ehefrau Ella, geb. Gruber, ist am 13.5.1925 in Stöhna, Kreis Leipzig geboren. Seine Taufe erfolgte in der Böhlener Kirche am 13. Juni 1925. Er besuchte die Böhlener Volksschule von Ostern 1932 bis Ostern 1937 und trat nach bestandener Aufnahmeprüfung in die Wirtschaftsoberschule in Leipzig, Walter-Blümel-Straße ein. Er besuchte diese Schule bis zur Einberufung zum Arbeitsdienst am 17. Mai 1943. Die Arbeitsdienstzeit verbrachte er in Gräfenhainichen. Von dort aus wurde er zu Aufräumungsarbeiten in Essen, vor allem in der Fa. Friedrich Krupp eingesetzt. Die Arbeitsdienstzeit wurde am 12.8.43 beendet.

Nach nur 12-tägigem Zivilleben, wobei er noch einmal einen Tag in seiner Schule durchlebte, mit der er sehr verbunden war, wurde er am 29.8.43 zu den Pionieren in Weißenfels eingezogen. Zur weiteren Ausbildung kam er nach Przemysl, die kurz nach Weihnachten beendet war. Nachdem er noch einmal auf Urlaub war, kam er zunächst wieder zu seinem Ausbildungstruppenteil nach Przemysl, wo dann zum Einsatz zusammengestellt wurde.

Seine erste Nachricht vom Kriegseinsatz war vom 19.2.44 aus der Gegend östlich Lemberg. Seine Tätigkeit als Pionier ließ ihn dann die beiden Funktürme in Luzk umlegen, er wehrte ferner bei einem Angriff mit 6 Mann 300 Russen mit dem schweren MG ab und wurde voraussichtlich im Graben durch Granatsplitter am 29.4.44 schwer verwundet.

Am 30.4.1944 früh 6.50 Uhr verstarb er auf dem Hauptverbandsplatz und wurde da mit militärischen Ehren begraben. Er stand 14 Tage vor seinem 19. Geburtstag.

Außer seinen tiefbetrübten Eltern hinterlässt er noch einen Bruder.

Böhlen, am 21. Mai 1944.   O. Fritzsche

Karl Otto Hitzschke

(1896 - 1944)

Im benachbarten Zwenkau wurde er am 12. Oktober 1896 geboren. Hier besuchte er auch die Volksschule. Nach beendeter Schulzeit trat er bei der Firma Hermann Kaiser in Leipzig, Südstr. 11, in die Lehre und wurde Schlosser. Nach der Lehrzeit arbeitete er bei verschiedenen Firmen.

Im Jahre 1915 wurde er eingezogen und machte die schweren Schlachten mit. Seine Führung als Soldat war immer gut. An Auszeichnungen erhielt er die Friedrich-August-Medaille, das Kriegsverdienstkreuz mit Schwertern, das Eiserne Kreuz II. Klasse und das Verwundetenabzeichen. Viermal wurde er verwundet, kehrte aber glücklich zu seinen Lieben zurück.

Im zweiten Weltkrieg aber ereilte ihm das große Unglück, dass er bei einem Terrorangriff am 12. Mai 1944 tödlich getroffen wurde.

Hitzschke war ein grundsolider und fleißiger Mensch, der eine Musterehe führte und nur für seine Familie lebte. Die ASW verliert in ihm einen gewissenhaften Mitarbeiter. Außer seiner Gattin verlieren ein Sohn und zwei Töchter den treusorgenden Vater. Seine Gattin heißt Anna Margarethe, geborene Renker.

Hitzschkes Vater ist der Werkmeister Karl Friedrich Otto Hitzschke in Zwenkau, die Mutter heißt Therese Henriette Lina, geborene Miethe.

Böhlen am 5. Dezember 1944.   O. Fritzsche

Oskar Heinz Große

(1925 - 1944)

Oskar Heinz Große, ein Böhlener Kind, wurde am 14. Mai 1925 geboren. Sein Vater ist der Straßenbahnführer Friedrich Oskar Wilhelm in Leipzig. Die Mutter heißt Selma Große, jetzt verehelichte Müller. Als Große ¼ Jahr alt war, kam er zur Familie Otto Sporbert in Böhlen und wurde von dieser in Liebe wie ein eigenes Kind erzogen. Von Ostern 1931 bis Ostern 1939 besuchte er die hiesige Volksschule.

Nach vollendetem Schulbesuch erlernte er bei der ASW das Schlosserhandwerk, und besuchte gleichzeitig die Berufsschule in Markkleeberg. Auch nach der Lehrzeit arbeitete er bei der ASW.

Vom Arbeitsdienst wurde er befreit.

Am 25. Oktober 1943 wurde er zum Militär einberufen. Vor seiner Einberufung war er acht Wochen im Segelfliegerlager bei Mörtitz. Am 3. Januar 1944 bekam er den Segelflugzeugführerschein Klasse I erteilt. Seine Infanterieausbildung erhielt er in Frankreich. Anschließend kam er abwechselnd nach Crailsheim in Württemberg und Plauen in die Fliegerschule. Nachdem er nach seinem 96. Alleinflug glatt gelandet war, rammte ihm am 25. Juni 1944 ein Kamerad mit dem Flugzeug, der neben ihm landen wollte.

Ein schwerer Schädelbruch war die Folge, der zwei Tage später den Tod herbeiführte. Nach Aussage seines Kommandeurs wäre er nach 120 Alleinflügen zum Unteroffizier befördert worden und zu dem heiß ersehnten Einsatz gekommen. Große wäre ein guter Jagdflieger geworden.

Große war ein ordentlicher, gewissenhafter und fleißiger Mensch, der von seinen Pflegeeltern wegen seines Charakters sehr geliebt wurde.

Böhlen, am 20. Juli 1944.   O. Fritzsche

Paul Siegfried Friedel

(1922 - 1944)

Siegfried Friedel, Sohn des hiesigen Gasthofbesitzers Richard Paul Friedel und seiner Ehefrau Frieda Margarete Friedel, wurde am 17. Mai 1922 in Böhlen geboren.

Er besuchte vier Jahre die hiesige Volksschule und darauf vier Jahre die Teichmannsche Privatschule in Leipzig. Da er später das väterliche Besitztum übernehmen sollte, ging er auf dem Leipziger Hauptbahnhof, um Koch zu werden. Während der Lehrzeit besuchte er in Leipzig die Berufsschule für das Gastwirtsgewerbe.

Am 3. Oktober 1941 wurde er zu den Fahnen gerufen und kam nach Prag zur schweren Artillerie. Hier erkrankte Friedel schwer an Scharlach. Ostern 1942 wurde er in das Teillazarett in Wahren bei Leipzig eingeliefert, nachdem er zuvor 4 Wochen Genesungsurlaub im Elternhaus verlebt hatte. Im Juli brachte man ihm in das Lazarett Naunhof, im Februar in das von Klinga bei Naunhof. Auch hier verblieb er nur kurze Zeit. Denn schon Ende April kam er in das Reservelazarett St. Jakob in Leipzig. Nach 14 Tagen verlegte man ihn nach Technitz bei Döbeln.

Am 19. Mai 1944 wurde Friedel vom Heer entlassen und kehrte schwerkrank am 23. Mai in das Elternhaus zurück. Nur einen Monat lebte er hier noch von treuer Mutterhand liebevoll gepflegt, denn schon am 26. Juni schloss er die Augen für immer. Einen langen Leidensweg ist der arme Siegfried gegangen, die schwere Erkrankung in Prag hatte vielleicht die Ursache gegeben.

Friedel war ein höflicher, bescheidener und netter Mensch, der von allen Seiten sehr bedauert wird. Seinen Eltern hat er durch sein vorbildliches Benehmen nur Freude bereitet. Sie verlieren in ihm alles und können sich nur mit anderen Eltern trösten, die ein ähnliches Schicksal trifft.

Böhlen, den 27. Dezember 1944.   O. Fritzsche

Max Hans Schiebold

(1923 - 1944)

Am 1. November 1923 wurde er in Böhlen geboren und besuchte 8 Jahre unsere Volksschule. Er widmete sich wie sein Vater dem Malerberuf und trat auch bei ihm in die Lehre. Gleichzeitig besuchte er die Berufsschule für Maler in Leipzig. Nach beendeter Lehrzeit blieb er weiter im väterlichen Geschäft bis er am 15. April 1942 zu den Fahnen gerufen wurde. Seine Ausbildung als Flaksoldat erfolgte in Komotau. Im Juni desselben Jahres kam er zur schweren Eisenbahnflak nach Paris. Hierauf wurde er in verschiedenen Großstädten unseres Reiches eingesetzt und kam dann nach Antwerpen. Leider war hier seine kurze Laufbahn beendet, denn schon am 19. Juli 1944 starb er den Heldentod durch feindliche Flieger.

Sein Kommandeur schildert Schiebold mit folgenden Worten: „Ihr Junge stand mir im täglichen Umgang näher als mancher meiner Männer, und ich kann wohl sagen, dass ich ihn wegen seines frischen und offenen Wesens besonders in mein Herz geschlossen hatte. Das habe ich zum letzten Male auch allzudeutlich empfunden, als er nach dem Angriff so plötzlich tot vor mir lag. Ich konnte es zunächst einfach nicht fassen, dass ich nun nichts weiter mehr tun sollte, als ihm nur die Augen zuzudrücken."

Schiebold war ein bescheidener und fleißiger Mensch. Schon mit dem 16. Lebensjahre trat er in unsere Freiwillige Ortsfeuerwehr ein, deren Hauptmann sein Vater war. Vor diesem begleitete diesen Posten sein Großvater.

Schiebolds Vater ist der Malermeister Wilhelm Max Schiebold, der auch seit dem 24. November dieses Jahres in Komotau ausgebildet wird. Die Mutter heißt Klara Hedwig, geb. Nietzschmann. Schiebold hinterlässt außer seinen tiefbetrübten Eltern noch zwei Schwestern. Als Auszeichnung trug er das Flakkampfabzeichen.

Böhlen, am 1. Dezember 1944.   O. Fritzsche

Richard Gerhard Lengner

(1925 - 1944)

Geboren am 4. März 1925 in Spahnsdorf.

Als er ½ Jahr alt war, zogen seine Eltern nach Böhlen, wo der Vater ein neues Heim geschaffen hatte. Lengner besuchte 8 Jahre die hiesige Volksschule, aus der er Ostern 1939 entlassen wurde. Um sein Brot zu verdienen, ging er als Montagehelfer zu einer Essener Firma, die Arbeiten für die ASW ausführte. Bei dieser blieb er bis zu seiner Einberufung, die im August 1943 erfolgte. Im nächsten Jahre kam er zur Ostfront und starb schon am 2. August 1944 bei der Einnahme von Witwica in vorderster Linie den Heldentod. Ein Granatsplitter, der ihn im Rücken traf, hatte seinem jungen Leben ein Ziel gesetzt.

Lengner war, wie sein Kompanieführer ausdrücklich bemerkt, einer der besten Gewehrschützen. „Still und bescheiden tat er immer seine Pflicht, so hart der Dienst auch sein mochte."

Wenn Lengner sein junges Leben so früh beenden musste, so sind auch seine Eltern sehr zu bedauern, denn er war ein sparsamer, fleißiger und sehr gewissenhafter Mensch, den jeder gerne haben musste.

Lengners Vater ist bei der ASW beschäftigt und heißt Reinhold Richard Lengner, die Mutter heißt Emma Ida, geborene Held. Außer seinen lieben Eltern hinterlässt der gefallene Sohn noch zwei Schwestern.

Böhlen, am 28. Dezember 1944.   O. Fritzsche

Ernst Willy Patzschke

(1920 - 1944)

Am 1. August 1920 wurde er in Stöhna geboren, besuchte 8 Jahre die Volksschule in Böhlen und darauf 2 Jahre die Landwirtschaftliche Schule in Leipzig.

Auf dem väterlichen Gute arbeitete er bis zu seiner Einberufung, die am 15. November 1940 erfolgte. In Meißen wurde er ausgebildet und ging dann nach dem Osten, wo er bis zu seinem Ende kämpfte. Während der Ernte erhielt er Heimaturlaub, um seiner alleinstehenden Mutter beizustehen.

Am 4. August 1944 arbeitete er auf dem Felde. Ein Gewitter zog heran, so dass er eiligst mit dem Rade nach Hause fahren wollte. Doch er kam nicht weit. Ein Blitzstrahl tötete ihn auf der Stelle.

Über vier Jahre hatte er im Felde gestanden und am 4. August 1944 musste er sein Leben lassen. Für die Mutter, Ida Hedwig, geborene Schlegel, war dieser Schicksalsschlag um so schlimmer, weil ihr Gatte, der Bauer Ernst Arno Patzschke, ein halbes Jahr vorher an Herzschwäche verschieden war.

War unser Soldat immer im Felde dem Tode entgangen und auch einmal am Arme verwundet gewesen, so war es für seine Mutter um so tragischer, dass ihr Sohn in der Heimat sterben musste.

Auf dem Friedhof Böhlen wurde er unter zahlreicher Beteiligung seiner Heimatgemeinde beigesetzt.

Böhlen, am 10. Oktober 1944.   O. Fritzsche

Friedrich Herbert Barthel

(1914-1944)

In Böhlitz-Ehrenberg wurde er am 19. August 1914 geboren. Hier besuchte er die Volksschule von 1921 bis 1929. Hierauf ging er in die Lehre als Elektro-Galvaniseur bei der Firma Bär in Leipzig.

Seiner Arbeitsdienstpflicht genügte er freiwillig in Hainichen. Im Mai 1938 trat er bei der ASW als Kesselreiniger ein. Er heiratete Fräulein Zilla Hackenberger aus Hainichen und zog 1938 nach Rötha, 1940 nach Böhlen.

Im Oktober 1943 wurde er abermals zum Heeresdienst einberufen, nachdem er schon 1936 Dienst geleistet hatte und den Einmarsch in der Tschechei mitmachte.

Sein Vater ist der Rentner Gustav Barthel in Böhlitz-Ehrenberg. Die Mutter heißt Emma, geborene Dörr.

Am 8. August 1944 starb er im Osten auf einer Sammelstelle infolge schwerer Verwundung durch die Artillerie.

Barthel hinterlässt außer seiner Witwe zwei Töchter im Alter von fünf und neun Jahren.

Böhlen, am 6. Dezember 1944.   O. Fritszche

Helmut Bernhard Tornow

(1912 - 1944)

In Thorn wurde er am 9. März 1912 geboren.

Sein Vater ist der Schlosser Bernhard Leopold Tornow in Böhlen. Die Mutter heißt Emma Auguste, geb. Liedke. Zunächst besuchte er die Volksschule in Thorn und darauf die in Böhlen. Er wählte den väterlichen Beruf und ging zur ASW in die Lehre, besuchte gleichzeitig die Fortbildungsschule in Böhlen.

Freiwillig ging er in den Arbeitsdienst und leistete diesen in Golzern und Nerchau. Nach vollendeter Lehrzeit arbeitete er bei verschiedenen Firmen. Im November 1933 heiratete er Frl. Ida Anna Meissner aus Zwenkau. Von der Ehe entstammt ein Sohn. Nach vier Jahren ließ er sich von seiner Frau scheiden. Am 16. August 1941 heiratete er Anna Ilse Ruth Weber aus Neukieritzsch.

Am 25. November 1943 wurde er zum dritten Male eingezogen und fiel für sein Vaterland am 17. November 1944 bei Aachen. Aus seiner zweiten Ehe entstammt ein Sohn, ein zweites Kind wird erwartet. Seine zweite Ehefrau schildert ihn als einen fleißigen, gutmütigen Menschen. Tornow ist darum zu bedauern, dass er in seiner ersten Ehe so bittere Erfahrungen machen musste. Dafür lebte er mit seiner zweiten Frau glücklich.

Böhlen, am 2. Januar 1945.   O. Fritzsche

Max Hermann Michalk

(1920 - 1944)

In Neundorf, Kreis Rothenburg in der Oberlausitz, wurde er am 15. November 1920 geboren. Ein Jahr besuchte er in Laubusch die Volksschule und darauf sieben Jahre unsere Volksschule. Nach beendeter Schulzeit trat er als Schlosserlehrling bei der ASW ein und besuchte gleichzeitig die Berufsschule in Markkleeberg. Nun ging er freiwillig zum Arbeitsdienst nach Passau und Fürth.

Am 15. November 1939, also an seinem Geburtstage, wurde er zum Heeresdienst einberufen und kam nach Schleswig-Holstein. Im nächsten Jahre kam er auf die Waffen-Schule in Merseburg und darauf zum Bodenpersonal eines Fliegerhorstes auf der Insel Sylt. Am 28. Januar 1942 erfolgte sein Einsatz zum fliegenden Personal im Westen. Zwei Jahre später kehrte er zurück nach Deutschland.

Am 26. November 1944 starb er bei der Landung seines Flugzeuges bei Schwerin.

Ein halbes Jahr zuvor hatte er seinen Eltern geschrieben, dass er sein Leben gern und freudig für unser geliebtes Vaterland hergeben wolle. Im gleichen Briefe bittet er, dass seine Angehörigen keine Trauerkleidung tragen, sondern stolz sein sollen, dass sie ein Opfer für Großdeutschland gebracht haben. Aus diesem Briefe sieht man den wirklich edlen Charakter unseres Michalk. Er ist ein Vorbild für unsere Kämpfer. Immer war er bescheiden und höflich gegen jedermann. Und seine Eltern müssen stolz sein, einen solchen Sohn zu haben.

Der Vater August Michalk ist bei der ASW beschäftigt. Die Mutter heißt Martha, geb. Socke. Außer seinen lieben Eltern hinterlässt er einen Bruder und zwei Schwestern.

Böhlen, am 30. Dezember 1944.   O. Fritzsche

Dietrich Bernhard Hermann Christoph Junck

(1900 - 1945)

Über seinen Werdegang berichtet er Folgendes:

Ich, Dietrich Bernhard Hermann Christoph Junck, wurde geboren am 8.3.1900 in Oelsnitz im Vogtland (Reg.-Bez. Zwickau, Sachsen) als Sohn des damaligen Amtshauptmannes, späteren Ministerialrates im Sächsischen Ministerium des Inneren, Geheimen Rates Dr. jur. J u n c k (verstorben 1922) und seiner Gemahlin Johanna, geb. Hesse.

Nach Besuch der Bürgerschule in Plauen im Vogtland trat ich 1909 in das Realgymnasium zu Dresden-Blasewitz ein und legte an dieser Schule im Juli 1917 das Abitur ab.

Nach ½-jähriger Tätigkeit im „Vaterländischen Hilfsdienst" bei den Ernemann-Werken in Dresden trat ich am 1.4.1918 als Fahnenjunker in das ehemaligen Schützen-Regt. 108 in Dresden ein und nahm vom Juli bis Oktober 1918 an den Kämpfen des Regimentes im Westen teil.

Nach meinem Ausscheiden aus dem Heeresdienst begann ich im Jahre 1919 das Studium der Chemie an der Technischen Hochschule in Dresden, im Juli 1923 legte ich die Diplom-Hauptprüfung ab und beendete mein Studium am 13.2.1925 mit der Promotion zum Dr.-Ing.

Vom 16.2.-30.11.1925 war ich bei dem Städt. Gaswerk in Dresden-Reick als Volontär-Chemiker tätig.

Vom 1.1.1926 bis 15.10.1928 begleitete ich mit bis zum 31.12.1928 laufender Dienstzeit die Stellung eines wissenschaftlichen Assistenten an der Salpeterforschungs-Anstalt in Valparaiso (Chile). Nach Ablauf meines 3-jährigen Vertrages kehrte ich Ende 1928 nach Deutschland zurück.

Vom 9.4.-31.12.1929 war ich wiederum als Chemiker im Laboratorium des Städt. Gaswerkes in Dresden-Reick tätig.

Am 1.3.1930 trat ich als Betriebsassistent in das Marmor-Kalkwerk „Silesia" W. Planck in Hirschberg (Riesengebirge), Betriebssitz Kauffung (Katzbach), ein, dem ich, ab 1.10.1930 als Betriebsleiter, bis zum 30.6.1938 angehört habe.

Seit dem 1.7.1938 bin ich bei der AG Sächsische Werke, Hauptverwaltung Dresden, als Chemiker und Sachbearbeiter für die Entphenolungs- und Schwefelgewinnungsanlage des Braunkohlen- und Großkraftwerkes in Böhlen beschäftigt.

Am 25.8.1939 wurde ich zum Militärdienst einberufen und war vom 3.9.1939 bis 29.1.1940 im Westen und Osten eingesetzt, zuletzt als Oberleutnant und Ordonnanz-Offizier bei einem Batls.-Stabe. Am 31.1.1940 wurde ich auf Grund meiner Uk-Stellung bis auf Weiteres vom Heeresdienst beurlaubt.

Ich bin arischer Abstammung, bin Mitglied der NSDAP und gehöre der SA als Sturmführer an.

J u n c k

Dazu ist noch Folgendes zu sagen:

Am 20. August 1930 heiratete er Fräulein Irmgard Planck. Der Ehe, die sehr glücklich war entstammen 3 Kinder, zwei Mädchen und ein Knabe. Dr. Junck war Führer des Volkssturmes von Böhlen.

Am 14. April 1945 führte er einen Spähtrupp mit 3 anderen Kameraden gegen die Amerikaner und wurde von diesen erschossen, nachdem er zuvor seine Panzerfaust abgeschossen hatte. Auf unserem Friedhof ruht er.

Er war ein vornehmer und edler Charakter, ein Offizier von der Fußsohle bis zum Scheitel. Ehemals hatte er dem Stahlhelm angehört. Dieser war zwangsweise in die SA eingegliedert worden.

Dr. Juncks Heldentod wird von allen tief bedauert. Man sagt nicht zu viel, wenn man behauptet, dass er nicht einen einzigen Feind in Böhlen hatte. Er war ein klarer Kopf und hatte abgelehnt, den Böhlener Volkssturm in den Kampf einzusetzen, weil letzterer keine Waffen besaß. Es hat bei uns tatsächlich solche Hitzköpfe gegeben, die Böhlen verteidigen wollten. Sie hätten nichts erreicht, als dass hier ein schlimmes Blutbad die Folge war und der Ort in Trümmer geschossen worden wäre.

Dr. Junck haben wir alle zu danken, dass das nicht geschehen ist.

Böhlen, am 22. Juli 1945.   O. Fritzsche

DER RETTER VON BÖHLEN

1945, kurz vor Ende des zweiten Weltkrieges, versuchten ein junger Leutnant und ein älterer Feldwebel den Ort Böhlen gegen die anrückenden Feinde der Deutschen zu verteidigen. Dazu sollten die einheimischen Burschen, die der Hitlerjugend angehörten, den Heimatboden mit verteidigen. Die Männer aus Böhlen befanden sich alle an der Front. An die Jungen wurden Panzerfäuste zur Verteidigung des Ortes Böhlen ausgegeben. Gleich darauf verschwanden diese und keiner wusste wohin. Wahrscheinlich hatten die Kommunisten dabei ihre Hände im Spiel. Jedenfalls mussten ständig neue Panzerfäuste besorgt und ausgegeben werden. Diese Schüler waren 16 Jahre jung. Ihnen wurde gesagt, dass sie ihre Heimat zu verteidigen hätten. Auf Weigerung stünde darauf die Todesstrafe. Dr. Dietrich Junck aus Böhlen, der sehr vorausschauend dachte und die daraus entstehenden möglichen Folgen kommen sah, gefiel die ganze Aktion nicht. Er sprach mit den Eltern der Burschen und versuchte sie zu beeinflussen. Es hätte keinen Zweck mehr, die Kinder in letzter Minute noch zu opfern. Die Eltern sollten Einfluss nehmen und die 16-Jährigen zu Hause festhalten, damit es nicht zum Blutvergießen an diesen jungen Menschen beziehungsweise allen Böhlener Einwohnern und zur Zerstörung des Ortes kommt.

Als man am 14. April 1945 merkte, dass die feindliche Armee vor Böhlen auftauchte, ging Dr. Junck unbewaffnet mit einem weißen Tuch in der Hand dem Gegner entgegen. Er wollte den Ort Böhlen kampflos dem Feind übergeben. Wenige Meter vor der Kampfeinheit eröffneten die amerikanischen Soldaten das Feuer. Dr. Junck brach im Kugelregen tödlich getroffen zusammen. Die Tat konnte ein Zeitzeuge aus unmittelbarer Nähe beobachten, der sich im nahen Bahnwärterhäuschen aufhielt. Die amerikanischen Besatzer haben sich des furchtbaren Verbrechens an den mit Kapitulationstuch entgegenkommenden Dr. Junck schuldig gemacht. Die Tat gegen Völkerrecht und Menschlichkeit war möglicherweise eine Folge des in Amerika geschürten Deutschenhasses. Dr. Junck hatte die Absicht unnötige Menschenopfer zu verhindern und den Ort Böhlen vor der Zerstörung zu bewahren. Herr Dr. Dietrich Junck, der als Chemiker im Werk Böhlen gearbeitet hatte, war und ist der Retter von Böhlen und das sollte nie vergessen werden! Auf dem Grabstein, der sich noch auf dem Friedhof Böhlen befindet, steht: Dietrich Junck, geboren am 8.3.1900, gefallen am 14.4.1945.

Quelle: Böhlener Geschichten Nr. 1 „Aus Dorf und Stadt",
herausgegeben 2001 vom Geschichtsverein Böhlen und Umgebung e.V.
Autor: Gregor Kaufmann

GEFALLENE UND VERMISSTE DER PFARREI BÖHLEN IM 2. WELTKRIEG

Die nachstehenden Kameraden starben den Heldentod für ihre geliebte Heimat:

Herbert Ullrich	geb. 04.06.1920 gef. 22.12.1941
Paul Titze	geb. 03.03.1911 gef. 10.07.1942
Dr. Viktor Paradzik	geb. 27.05.1890 gef. 01.03.1942
Stephan Pikorz	geb. 12.01.1918 gef. 08.03.1942
Edmund Mieszkalski	geb. 12.07.1924 gef. 31.08.1943
Josef Kraml	geb. 20.10.1921 gef. 28.01.1944
Heinz Malag	geb. 29.04.1924 gef. 05.04.1944
August Karl Benseli	geb. 09.02.1902 gef. 12.05.1944
Fritz Bensch	geb. 15.06.1919 gef. 19.07.1944
Anton Kurgelloe	geb. 22.05.1914 gef. 15.02.1945
Maria Linkowitzsch	geb. 04.09.1902 gef. 21.03.1945 (Bombenangriff)
Gertrud Linkowitzsch	geb. 19.04.1939 gef. 21.03.1945 (Bombenangriff)

Vermisst:	
Kurt Soppa	geb. 04.11.1922 verm. seit Nov. 1942
Erwin Marczyk	geb. 13.01.1921 verm. seit 26.12.1943

Quelle: Böhlener Geschichten Nr. 3 „Die Entwicklung der katholischen Gemeinde Böhlen und der 50. Weihetag der katholischen Kirche",
herausgegeben 2003 vom Geschichtsverein Böhlen und Umgebung e.V.
Autoren: Gregor Kaufmann und Thomas Körner

Ehrenmal für die Gefallenen, Friedhof Böhlen um 1930

Auch wenn die Quelle der Tränen irgendwann versiegt.
Die Liebe immer im Herzen liegt.

Katrin Röder

Ehrenmal für die Gefallenen, Friedhof Böhlen im März 2025

Glossar
(inklusive Ortsverzeichnis, erstellt mit Hilfe von Google Maps und Bing Maps)

ASW - Aktiengesellschaft Sächsische Werke S.11, S.51, S.57, S.62, S.69, S.71, S.79, S.92, S.94, S.97, S.100, S.108, S.111, S.121, S.125, S.129, S.137, S.153, S.160, S.167, S.169, S.176, S.183, S.185, S.191, S.195, S.197, S.199

Berentia - vermutlich Baerenthal, Frankreich S.26
Bogorodizhoje - vermutlich Borisoglebskoe, Bezirk Orjol, Russland S.163
Brabag - Braunkohle-Benzin AG S.48, S.73, S.156, S.173, S.179
Bromberg - heute Bydgoszcz, Polen S.117

Caferta - vermutlich Caserta (bei Neapel), Italien S.151
Charkow - Charkiw, Ukraine S.100, S.109, S.111, S.112, S.130, S.132, S.133

Dnjepr - Dnepr (Fluss) S.82, S.169

Engerau - heute Petrzalka (Stadtteil von Bratislava), Slowakei S.90

Gehlenburg - heute Biala Piska, Polen S.156
Groß-Sürding - heute Zerniki Wielkie, Polen S.27
Grjasnys-Potuden - vermutl. Gryaznyy Potuden, Bez. Belgorod, Russland S.137, S.138
Gschatsk - heute Gagarin, Russland S.119

Hirschberg - heute Jelenia Góra, Polen S.201

Ilmensee - großer See in Russland S.122

Jauer - heute Jawor, Polen S.37

Kasanowa - vermutlich Polazk, Belarus S.174
Kauffung (Katzbach) - heute Wojcieszów, Polen, S.201
Komotau - heute Chomutov, Tschechien S.92, S.189
Konstantinowka - Kostjantyniwka, Bezirk Donezk, Ukraine S.115
Königin-Carola-Gymnasium, Leipzig, 1943 zerstört, S.125, S.140, S.148, S.176
Krasnograd - Krasnohrad, Bezirk Charkiw, Ukraine S.86
Kremsier - Kromeriz, Tschechien S.90
Kriwonossy - vermutlich Kropywnytskyj (Kirowograd), Ukraine S.69
Krummhübel - heute Karpacz, Polen S.156
Kuben - Kubej, Bezirk Odessa, Ukraine S.179

Landsberg an der Warthe - heute Skwierzyna, Polen, S.67, S.85, S.114
Leitmeritz - heute Litomerice, Tschechien S.100
Lemberg - heute Lwiw, Ukraine S.67, S.181
Leningrad - heute St. Petersburg, Russland S.148
Lirpsie-Gorna - vermutlich Gorna Lipnitsa, Bulgarien S.26
Lubien-Wielki - vermutlich Welykyj Ljubin, Bezirk Lemberg, Ukraine S.67

Marianowka - vermutlich Marjanowka, Ukraine S.38
Marinowka - Marinovka, Bezirk Wolgograd, Russland S.153, S.154
MFG - Modellfluggruppe S.176
Monte Lucce - vermutlich Monteluco, Italien S.151
Morosicha - vermutlich Morosiwka, Ukraine S.161

Nahothino - vermutlich Nekhotitsko, Bezirk Nowgorod, Russland S.123
Nikolajew - vermutlich Mykolajiw, Bezirk Mykolajiw, Ukraine S.179
Noshkino - vermutlich Kokoshkino, Russland S.97
Nowo-Alexandrowka - vermutlich Nowooleksandriwka Bez. Luhansk, Ukraine S.156, S.158
NSFK - National Sozialistische Flieger Korps S.176

Orel - Orjol, Russland S.161, S.163, S.171
Orschiza - vermutlich Orschyzja, Bezirk Poltawa, Ukraine S.81, S.82

Persanowka - Persianovka, Bezirk Rostow, Russland S.90
Pierszaje - Perschay, Minskaja Woblasz, Belarus S.64, S.65
Plechowo - Plekhiv, Bezirk Poltawa, Ukraine S.82

RAD - Reichsarbeitsdienst S.140
Rosenheim - heute Podstepnoje, Bezirk Saratow, Russland S.119

Schebelinka - Schebelynka, Bezirk Charkiw, Ukraine S.100
Schwerin an der Warthe - heute Gorzow Wielkopolski, Polen S.114
Serneck am San - vermutlich Sarzyna am Saan, Polen S.85
Shitomir - Schytomyr, Ukraine S.90
St. Morell - Saint-Morel, Frankreich S.41
Ssamnylowa - vermutlich Samujlowa, Bezirk Smolensk, Russland S.75, S.76, S.77
Stalingrad - heute Wolgograd S.143, S.144, S.153, S.154, S.156, S.157
Stalino - heute Donezk, Ukraine S.169
Stariza - vermutlich Starytsia, Bezirk Charkiw, Ukraine S.169
St. Jakob in Leipzig - heute Universitätsklinikum Leipzig S.22, S.187
St. Remi - Reims, Frankreich S.14
Südstraße - heute Karl Bartelmann Straße, Böhlen S.29, S.37, S.140, S.183

Thorn - heute Toruń, Polen S.197

Uk-Stellung - Unabkömmlichstellung S.202

WHW - Winterhilfswerk des Deutschen Volkes S.83
Windhuk - heute Windhoek, Namibia S.51
Witwica - Wytwyzja, Ukraine S.191
Woltschansk - vermutlich Wowtschansk, Bezirk Charkiw, Ukraine S.133

Zamosch - heute Zamość, Polen S.167
Ziegenhals - heute Glucholazy, Polen S.105